自然から学ぶ環境教育❶

子供たちに感動体験を

豊島　安明　著

信山社
サイテック

はじめに

この本の執筆に本格的に入ったのは、冬を前にした一一月頃であった。

それまで断片的には書き溜めてはいたが、それを整理するのに時間を費やした。その間、様々なアドバイスを受けながら、なんとか最後まで書き終えることができた。また、心の中で絶対「書き終えたい」という強い意欲も最後まで持続できた。

私と自然教育との接点は、文中にも触れたが内田小学校であった。自然教育と接する中で多くの感動体験を経験し、その中で幼い頃の感動体験がふつふつと蘇り、さらに多くの実践が生まれた。

「感動体験は多くの人を動かす」ことも知った。また、次から次へと泉がわき出るごとく、あれもこれもやってみたい。このことも経験してみたいと……　発想が豊かになったことも事実であった。

感動体験は、心の豊かさや強い意欲を心の中に派生し、やる気を育てていくもので、感動するということがなくなったら、人としての思いやりや温かさはなくなると思う。何かに感動し、心を突き動かされ、そのことを契機として、それまでの自分とはまったく変わったという話も耳にする。まさに私もその一人である。

この感動体験は、身近にある自然の中で体感できるというのが私の信念であり、内田小学校での実践、京葉小学校での実践において多少なりともその一端が証明できたと考えている。

今いる牛久小学校では始まったばかりである。この学校で子供たちの育成を核として、家庭や地域社会の方々とじっくり取り組んでみたいと考えている。

この本を手に取って一読され、心に何かを感じられた方、明日からでも自然環境の中に感動体験を探す旅人となっていただけたら幸いである。

最後に、この本を執筆する機会を与えて下さり、また執筆に際して終始励ましていただいた、信山社サイテック編集部の四戸孝治氏に深く敬意を表したい。

平成一三年　陽春

豊島　安明

目次

序文―コバルトブルーの世界―

早朝、「先生、鳥が落ちています！」と子供たち数名が職員室にかけこんできた。

「どんな鳥？」と声をかけると
「羽根がブルーで、とてもきれいな鳥だよ。」

まさか！オオルリ（夏鳥だから今は観察できないし、この市街地では到底無理。）カワセミ？（この夏、学区にある養老川をフィールドワークしている時、一度だけおめにかかったのでそうかもしれない。）などと、一瞬のうちにそう思いながらその場所へと走った。その一瞬の思いはまさに的中していた。子供の両手のひらには、背をちょっと丸めたくちばしが長い、羽がコバルトブルーのカワセミがいた。生きているカワセミをこんなに間近で観察したのは初めてである。

そのカワセミをそっと私の手のひらに移し替え、傷はないか羽の内部を調べた。羽にも体にも損傷はないが、くちばしの先端の一部が欠けていることから、窓ガラスにくちばしから飛び込み、頭部を強く打ったと判断した。また、平衡感覚がなく飛べない状態であった。

こういった野鳥の突然の事故はこれまでにも時々あった。

しかし、今朝は違っていた。

このコバルトブルーのカワセミの美しさに、子供たちや職員は驚嘆したようだ。登校してくる子供たちが「きれい」、「人形みたいだね」、「なんとも言えない羽の色だね」とその驚嘆をを言葉にして表す。また、職員も「あっ！　びっくりした。生きているの？　すごいきれいな色だね」と言う。クラス単位で職員室にくる学年もあった。休み時間も職員室に「どうなった」と心配そうに尋ねてくる子供たちの姿が見られた。

この出来事は、多くの大人や子供たちを感動させた。

何に？

自然がつくり出したカワセミという野鳥の美しさにである。

カワセミが飛んでいる姿を見たという人はいるであろう。また、双眼鏡で間近に見たという人はいるだろう。しかし、本物を間近に見たその美しさは、子供たちの目にしっかりと焼き付いたにちがいない。

昨今の社会環境の中で、青少年が引き起こす問題が大きくクローズアップされ、取り沙汰されている。私は、このような社会環境だからこそ、前述したような感動を子供たちに、もっともっと味わわせたいと考える。なぜならば、この感動は、子供たちに「やさしさ」や「おもやり」の心を育むからである。カワセミの無事を祈り、職員室前の廊下にたたずむ多くの子供たちがいるのである。

自然環境から感動を受けることは、私たちの生活の中にたくさんある。カワセミのように偶然性もあるであろう。しかし、フィールドに出ると必ず、一度や二度、感動場面に遭遇する。この場面を子供たちに是非、見せたいということが何度もあった。まずは、フィールドに出ることである。

今朝も、梅の花に群れで飛来した、小さな天使であるメジロを観察した。あのように小さな小さな野鳥が、どうしてあんなにきれいな声でさえずることができるのであろう。また、どうしてあんなにきれいな羽の色になるのだろう。これ等は全て自然がつくりだしたものである。そして、自然環境の雄大さを改めて認識するのである。

この本は、自然環境の中で行う体験学習に、多くの方々が注目してほしいと願うものである。また、その中で味わう感動は、子供たちの心の育成に何かしらの影響を与えることは確かである。そして、そこではだれでもが感動体験ができるはずである。

さあ、身近なフィールドに足を運んでみよう。

それは、私たちが人間としての原点を見つけることになるやもしれない。

急激に変化する社会だからこそ、今、感動体験が必要なのである。

自然教育との出会い

はじめに

私が自然教育活動に取り組みはじめたのは、千葉県市原市立内田小学校に赴任してからである。それまでは、体育科を専門に研究を続けていた。

平成一〇年、ある出版社に依頼され、自然教育の一端を述べる機会があった。その折り、私の紹介の中で体育科が専門と聞いて、会場が一瞬どよめいた。

私は、それまで体育科を専門としており、体育の授業について研究を進めていた。それがこうじて、千葉県教育委員会の長期研修生となり、学校に籍をおきながら、一年間千葉大学で学んでいたこともある。それ程体育に打ち込んでいたのだが、自然教育に取り組みはじめてみて、改めてその重要性と奥深さを知ることとなった。すなわち、大きくとらえると、自然教育は全てを包括するものだと考えるようになった。

私たちは、自然と共に生活を営んでいるのであり、学校教育においてもあらゆる教科の学習は、全て自然の摂理・現象とのかかわりを学んでいるのである。

また、これまで人類が生きてきた歴史をも含めて、自然の中で営々と積み重ねられ歩んできた。しかし、二〇世紀に入ると人間は、社会が進歩発展し始めると目先の利益を追求するばかりに、自然に対して多くの負荷をかけるようになった。その歪みが、様々な形で顕在化してきたことでも明らかである。そのことに気づくのが遅かったと言っても過言ではない。

しかし、今からでも遅くはないと思う。実際に、世界的にも環境の改善と負荷の軽減対策が練られ、実行に移されているようだ。私が自然教育と出会い、子供たちの感動体験を推し進めるのも、このようなことがベースになっている。そのためには、目の前にいる子供たちに、自然からたくさんの感動を体験できるよう、自然と真っ向から向き合ってほしいのである。

一　自然教育を通した人との出会い

体育科教育に取り組んでいる時も多くの人との出会いがあったが、あくまでも教員同士という狭い範疇でしかなかった。

しかし、自然教育は明らかに違った。教員よりは、むしろ家庭や地域社会の方々、一般の社会人の方々との交流がほとんどであった。まさに、刺激的であった。

これまで教員という範疇でしか物事を見ていなかった私は、多くの方々との出会いによって、それまでの物事に対する見方から脱皮し、大きく視野が広がった。多くの方々から多くのことを学んだ。人との出会いがこんなにも楽しかったのかと考えるようになったのも、自然教育が教えてくれたのである。

千葉県市原市立内田小学校で環境教育の実践を続けることができたのは、各先生方の努力と、多くの方々の力が結集されたからであり、中でも、家庭や地域社会の方々の骨身を惜しまない協力があったればこそである。

私が赴任して四年間、四名のＰＴＡ会長・副会長、それにＰＴＡの本部の方々、また、内田の環境を守る会の代表、会員のみなさんには、無理難題をぶつけたが、誰一人として異議を唱えられることなく、自分のこととして実践してくださった。

そして、お礼を述べるといつも、次の言葉が返ってきた。

「先生、楽しみながらやるんだからいいよ。」

この言葉に何度助けられたことか……。

また、同市内の京葉小学校でも同じであった。ＰＴＡ会長を始めとして、副会長、そしてＰＴＡの総務の方々、京葉の環境を守る会の代表や、会員のみなさんが立ち上がってくださった。

どの方々もいつも建設的で、真剣に立ち向かってくださった。多くの方々と深く知り合うことにより、お互いに伸びていくことができたのである。

二　内田の環境を守る会の誕生

その日（日曜日）、学区にある国道四〇九号線沿いの交差点に花壇を作る計画があり、その土留めをする木材を伐採するために、何人かの保護者の方と学校近くの山に入って作業をしていた。作業をしながら、私は以前から心に秘めていたことを、いつか話そうと思っていた。

今日が良い機会だと思った。

「会長さん、これから環境教育を推進していくために組織がほしいね」

と、おもむろに切り出してみた。

環境教育を推進していくために、いままでも多くの無理難題をお願いしてきた。また、それも嫌な顔一つしないでPTA会員の先頭に立って活動してくださった。私と同年令ということもあり、気心が知れていた。そんな心安さもあり、出た言葉だった。

会長は作業をする手を休め、私の方を向いてにっこりと笑顔で返し、

「そうですね、そんな組織があるといいですね」

とさらりと言って、作業を続けられた。

その後、数日たって組織を立ち上げるための準備委員会が発足されたのである。その中心となって活動してくださったのは、後の『内田の環境を守る会』の代表とPTA会長、それに副会長であった。この方々の行動は非常にスピィーディであった。

さすがだと思った。互いには思いが通じていたし、この方々はいつもこのような形で仕事をされた。また、多くのアイディアを持ち、味付けをされるのである。

『内田の環境を守る会』が発足されたのは、それから四カ月後であった。

内田小学校は、「環境教育」の分野では県下に知られた学校である。

この環境教育について文部省は、学校における「環境教育指導資料」の中で次のように述べている。

《学校における環境教育は、一部の教科だけで行うのではなく、多くの教科、道徳、特別活動を通して行うことが大切であり、学校全体としての取り組みが不可欠である。》

環境教育は、単独の教科としては成立していない。従って、各教科、（特に関連が深いのは、社会科、理科、生活科、家庭科等）道徳、特別活動の中で扱うこととしている。

しかし、学校現場は多忙である。しかも、学校五日制が施行されようとしていて、現在、月一回、第二土曜日が休みである。このような状況で、果たして今のカリュキラムの中で「環境教育」が根付いていくことができるのであろうか。

また、現在の子供たちに「環境教育」を通して何を教えていけばよいのか。このように思考した時に、「環境教育」をコマ切れで扱うことには賛成できない。それは、はっきり言って、定着しないからである。各教科の中でコマ切れ的に扱えば、指導内容のおまけ的な扱いで終始してしまう危険性があるということである。「生きる」と直接係わる内容が、「おまけ」に終始してしまうことを恐れるのである。

内田小学校では、このようなことを考慮しながら次のように扱ってきた。

○関連ある教科の時間
（環境教育）
○裁量の時間
○特別活動の時間

上記の時間をトータルにして「環境教育」、「環境学習」の時間として扱ってきた。

この結果、子供たちは環境教育について具体的に行動するようになり、自分たちの生活と直接に結びつけて考えるようにもなった。

また、自然環境に恵まれた場所にあるが、一歩視点を変えてみると、自然環境が年々悪くなっている。このような実態にも目を向けるようになり、「なんとかしたい」というようになった。

このような子供の真っ正直な芽をつまないようにしたい。

また、自然環境を守る取り組みが家庭、地域を通して広がりつつあり、多くの取り組みがなされてきた。この取り組みに子供たちが参加することも、環境教育に対する有効な手段である。

これは、学校と家庭・地域住民がしっかりと連携して推進された結果でもある。私は、この学校で学校長をはじめとして各先生方と取り組んだ「環境教育」が、子供たちや教師、家庭や地域社会の方々に受け入れられたことについて、大きな驚きと喜びを感じた。内田小学校での四年間はあっという間に過ぎ去った。この実践は一冊の本としてまとめられ、世に送り出された。これで多くの人に知れ渡ったのだった。

三 「京葉の環境を守る会」誕生

内田小学校は比較的自然環境が良い学校であった。その自然環境が良かった学校から、今度は市街地の学校への赴任となった。市街地にある市原市立京葉小学校であった。

が、私にとって幸いしたのは、学区は養老川の河口に位置しており、淡水と海水が交ざり合う場所で、干潮になると広い干潟が出現した。干潟には取り残された魚類やアシハラガニ、チゴガニ等多くの生きものが観察でき

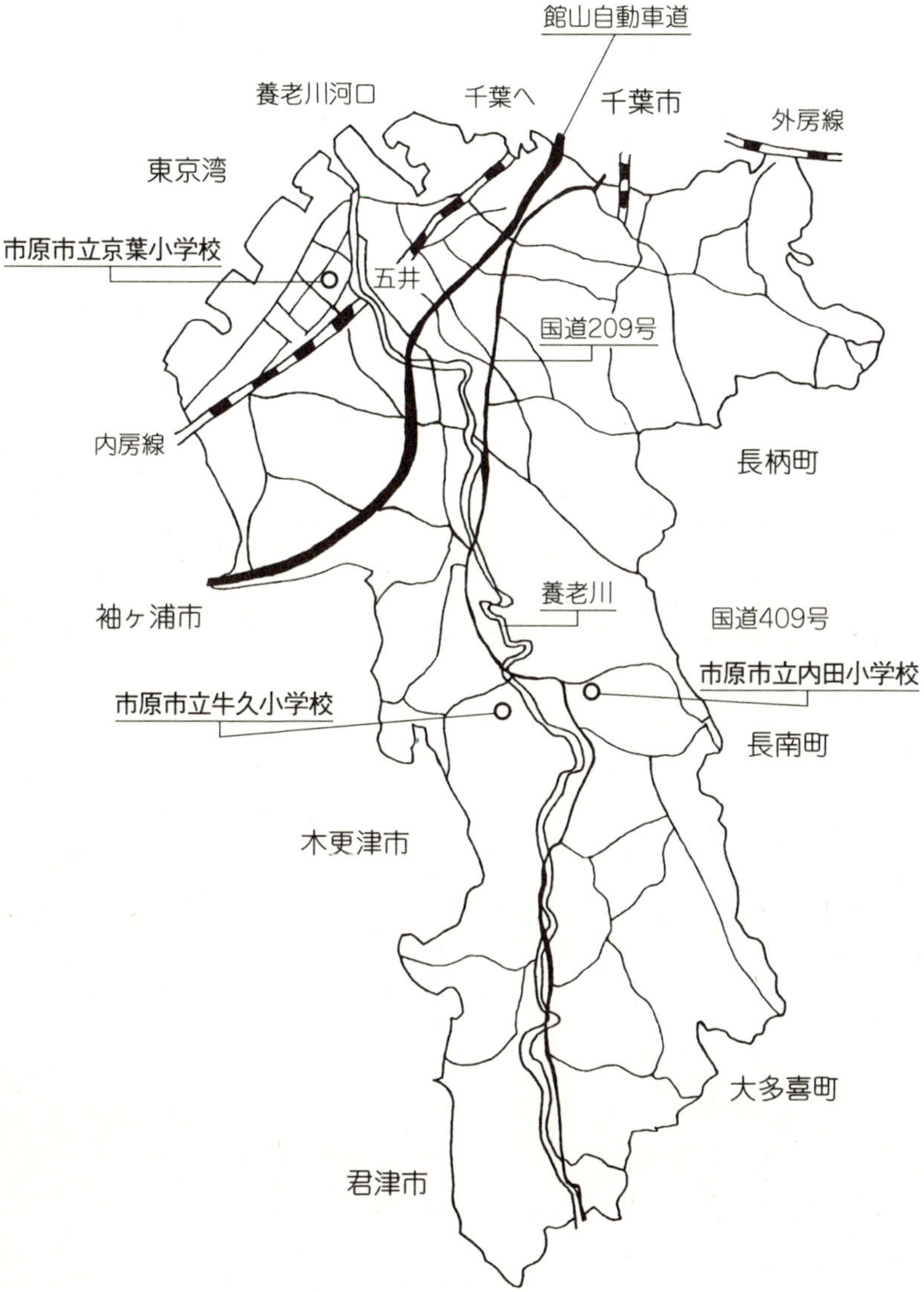
館山自動車道
養老川河口
千葉へ
千葉市
外房線
東京湾
市原市立京葉小学校
五井
国道209号
内房線
長柄町
袖ヶ浦市
養老川
国道409号
市原市立内田小学校
市原市立牛久小学校
長南町
木更津市
大多喜町
君津市

千葉県市原市概略図

た。また、四季を通して様々な野鳥や渡りのカモ類が観察できた。

同校に赴任した時、これまでの実践を活かすには何ができるか、何に取り組んだら良いかと考える日々であったが、この悩みを解決してくれたのは、学区をくまなくフィールドワーク*してからであった。

さっそくPTA組織を見直し、環境委員会をつくることになった。そして、環境委員会をベースとして、初年度、環境委員の方々に養老川をフィールドワークしてもらうことにした。

このことについては後述するが、とても反響が大きく、この結果に基づいて、環境委員会の年間の行事計画が立案された。この内容は、主に親子で自然環境に接することが主眼とされた。

この活動を展開する中で、もっと地域社会の中に活動を広げたいと強く思った。そこで学校長の承諾を得て、地域社会の中に『環境を守る会』を立ち上げることになった。代表とはPTA活動を共にした仲でもあり、気心が知れていたことも幸いした。

こうして京葉小学校での四年間は、内田小学校とは違った実践活動をすることができた。この会は今も活動を展開している。できれば、各学校にこうした『自然環境を守る会』のような組織があると、学校・家庭・地域が一体となって、多くの子供たちに感動体験ができる自然環境を残していけるのだと思う。

内田学区が美しいのは、地域住民の自然環境の保護・保全の認識と、それを支える『内田の環境を守る会』という組織があるからであり、京葉小学校が養老川河口を中心とした清掃活動や野鳥観察、水生生物の観察を開始できたのも、京葉小学校の保護者や『京葉の環境を守る会』という組織があったからである。

---

*フィールドワークとは、野外調査、あるいは野外での学習や作業のことで、自然環境の調査や観察活動をさしている。私たちが実践をしていること全てが当てはまり、学校での環境学習、家庭や地域社会での保全保護活動も含まれる。

この京葉小学校での四年間もあっという間に過ぎ去った。

そして平成一二年度は、比較的自然環境が良い牛久小学校に赴任することとなった。

四 「ビオトープ設置委員会」の立ち上げ

市原市立牛久小学校での活動は「ビオトープ」の設置から始まった。学校と家庭と地域社会が子供たちの育成の施設として「ビオトープ」設置に取り組むことになった。

比較的に自然環境が良い学校になぜ「ビオトープ」かと疑問に思うかもしれない。確かに、学区の中には多くの野生生物が生息できる自然の空間がいくつもある。しかし、身近な場所で子供たちが継続的に観察を進めていくための、自由に観察できる場がほしかった。

また、このビオトープを設ける中で、子供たちや

ボランティアによるビオトープの設置

親・地域住民に、是非この学区の自然環境を認識してほしいと考えたのである。それも、このビオトープ設置を最終目標とするのではなく、子供たちの育成を核として、三位一体の活動を継続して展開したいと考えている。この委員会もボランティア組織である。根底は、内田の環境を守る会や京葉の環境を守る会と類似した組織である。この組織を通して多くの人々を知ることとなった。できれば、牛久小学校での実践も子供たちの感動体験とともに、別の機会に執筆したいと考えている。

いずれにしても、この施設から多くの感動体験が生まれてくることを期待したい。また、そのような施設としたい。

このような自然教育との出会いは、これまでの私の生き方を変えた。そして夢中になった。

Column

フイールドワークをすると普段気づかない草花に出会う
こんなに美しい草花を私たちは忘れている……
世間の雑踏の中に身を置き、出世を夢見ることだけがそんなに大切なのかと……
その草花が私に問う……

心の豊かさと感動体験

一　幼いころの体験

さて、私事を若干述べさせていただきたい。それは、この本を執筆しようと考えたことに大きく起因するからである。

私が生まれ育ったところは、山口県の中国山地のほぼ中央で、島根県にも近く、山深い山地であった。多くの家庭は農業を生業としており、稲作が中心であった。そして、畑では季節の野菜を作っていた。米は売って生活の糧としていたが、野菜は売るということではなく、作った物は各家庭で食するものであった。当然、食べる物は野菜類が主食となり、現在のように肉や魚を食することはほとんどといってよいほどなかった。肉や魚が口に入るのは、年間を通してお祭りやお正月ぐらいであった。

各家庭の生活は、現在と比べ物質的には豊かではなかったが、人々の心は豊かであった。なぜだろうかと考えてみると、私たちを取り巻く自然の環境が良かった。周囲は山々に囲まれ、四季折々の変化があり、自然の息吹を感じながら暮らしていた。

　私たちは、一日中自然の中で過ごし、自然と共に学んだ。現在のように、家の中でテレビゲームなどの遊びで過ごすなどということは考えられなかった。もちろん、当時はテレビゲームなどなかった時代である。家の中で遊ぶのは雨の日を除いてなかった。普段は山に登り、山を駆け降り、川で時を忘れ泳ぎ、夜は澄みきった満天の星空を眺めた。また、どこに友達の家があり、川のどこに魚が多くいるかみんなが知っていた。カワガラスが水面すれすれに自由に飛びかう清流があった。その清流では、道の上からヤマメの魚影がはっきり見えたものだった。このようなこともあった。

　雪がふる前夜のことである。子供たちは冷たい風の中に雪の匂いをかぐことができた。

「明日は雪じゃ、雪じゃ」

　翌朝は、辺り一面が真っ白になっていた。

　子供らは皆、異年齢集団で遊び、ルールを破ると、年長者に手厳しく叱られた。

ふるさとの景観

しかし、翌日はだれかれとなく声をかけて一緒に遊んだ。大人は米を作るという生業を通してしっかりと結びついていた。協力して米作りを行い、みんなが助け合った。それが当たり前の生活であった。

私たちの生活や遊びは全て自然と深いかかわりがあった。テレビも普及しておらず、ラジオが主流の時代であり、現在のようなテレビやコンピュータ、携帯電話など予想もしなかった時代であった。現在と比べ、あまりにも物質的には貧しかった。しかし心は豊かであり、温かかった。もちろんケンカやいじめはあったが、現在のような陰湿でしかも集団でいじめるような卑怯なまねはなかった。ましてや犯罪になるようなことは皆無であった。

春の山桜の美しさに感動し
夏の夜、ホタルが灯す幾千の淡い色に感動し
土手に咲く彼岸花の真っ赤な色に感動し
垂れ下がる、黄金の稲穂に感動し
山紅葉の真っ赤な色に感動し
幾千葉の落ち葉を踏みしめる音に感動し
辺りを真っ白に変えた新雪に感動した

日本の原風景ともいえる菜の花畑のある里山

このような自然の営みや恵みが私たちの心を豊かにしてくれた。自然と周囲の人々に優しくなれた。そして、完全に自然と共存共生をしていた。私は、このような環境の中で育てられた。そして、大人になった。

しかし、やがてこの地を離れ、都会に出て大人になるまで様々な経験や体験をしてきたが、自然環境とのかかわりを大切にしてきたかと問われれば、決してそうではなかった。正直に言えば、タバコのポイ捨てもしてきた。また、身近な場所に素晴らしい自然があっても、それ等に気づかずに暮らしてきた。

それが、なぜ今、こうして自然環境の大切さを問うのかとおもわれるかもしれないが、それまで勤務していた学校を転出して、内田小学校に赴任した途端、自然教育に携わる仕事と真っ向から向き合ったからである。その実践活動を境に、それまでの生活が一変した。

ゴミの不法投棄、空き缶やタバコのポイ捨てにも強く関心を持った。また、それまであまり関心がなかった野鳥や水生生物、昆虫、植物等にも関心を持つようになった。そして、実践活動を通して、それまで心の片隅にそっとしまわれていた故郷の自然環境を改めて見つめ直し、現在の自然環境と対比させながら教育現場に活かすことができた。

二　対比して見えたこと

現在の社会生活をながめた時、子供たちや青少年が、いかに「感動する」ということに希薄になっているか、また、そのことと直接結びつくのか明確には断言できないが、多くの青少年の心が病んでいる事実と少なくとも関連があると考えるようになった。

現在の家庭生活を見ていると、あまりにも多忙な中で子育てが行われているように伺える。また、家庭を支える地域社会の中にも共同体という組織そのものが希薄になっているようにも思う。子供たちを育成する上において、家庭を核としながらも地域社会に支えられる部分は大きな比重を占める。このような社会において、子供たちを育成していく機能が十分に生かされ、働かない現実がある。確かに、一昔前から考えれば、生活は豊かになったが、子供たちの心が育てられていない現実は、昨今の青少年が引き起こす犯罪へとつながっているように思われる。

多忙な中にも、自分たちが生活している周囲を見渡す時間を生み出せないか。そこには、子供を育てていく一助になる自然があるはず……。そして、そこで味わう感動はきっと子供たちに何かを教えてくれるはずである。

もちろん、私が幼いころと現在では、世の中が大きく様変わりしているのは事実である。しかし、自然との対話によって感動を味わうことができる。そしてその中で、当時のような子供同士の関係、大人同士の関係を少しずつ取り戻していけばよいのではないだろうか。

その方策はいくつもあろう。私は教育現場からそのことを発信してみたい。

次の章では、何故、感動体験が希薄になっていったのか、私なりに思考したことを述べてみたい。

Column

毎朝出会う。そして立ち話をする。

車イスに座ったまま、Sさんは、その優しい表情と笑顔で、私に語りかけて下さる。

「今日は何に出会えたかね?」と……　私も笑顔で返す。

「今日は、猛禽類のサシバに出会いましたよ。」

「猛禽類とは?」

「ワシとかタカの仲間ですよ」

「ワシとかタカは知っているよ。そんなのがいるのかね」

「ええ、いるんですよ」と得意になって説明する。

「サシバは毎年、五月ぐらいにこの上の谷津に渡りをしてやってくるんです」

「へえ……」とびっくりされていた。

今朝は、Sさんに出会えなかった。

Sさんに出会えないと何か、フィールドワークが終わった気がしないのはなぜだろう。

それは、Sさんのあの優しい笑顔と表情に出会えなかったからだろう。

歩きたいだろうな。元気になってほしい。

Sさんと一緒にフィールドワークができたらどんなにか楽しいのに……

感動体験とは

一 子供たちの遊びや文化の消失

（一） 子供観の論争より

ある会合で子供たちの話題になった時、教員の私に対して、ある方が次のように言われた。

「最近の子供たちは変わったよね。先生はどう思われますか？」

えっ、そうかなと思いながら次のように述べた。

「変わったのは外見だけで、本質の部分では全く変わっていませんよ。」

と。そうすると、「ちがうでしょう？　全てにおいて変わったとお思いになりませんか。」とさらに追い打ちかけて、昨今の子供たちがひき起こした事件を取り上げて、昔の子供たちとは変わった。いまの子供たちはなってない、という意味合いのことを述べられた。

私は、全てにおいて変わったと主張されたその方の考えは、過去の子供たちと現在の子供たちを比べ、明らかに現在の子供たちが劣っていると受け取れ、教育現場に身を置く私にとってはいたたまれなくなった。

そして、私は、次のように述べた。

「あなたの言われたことは、現在の子供たちの全てを否定することになりますよ。そのようにとらえていいのですか。」

「…………」

私は続けた。

「変わったのは子供ではなく、子供たちを取り巻く、大きく言えば社会全体が変わったのです。そして、具体的に言えば、家庭や地域社会が変わったのであって、子供そのものの本質は一向に変わっていないのです。」

さらに続けた。

「言うなれば、変化してきた過去から現在の狭間で、多くの子供たちは犠牲になってきたのではないでしょうか。」と述べた。

その方は、まだ納得されず「違うよ」と小さな声でささやかれ、ぶつぶつと独り言を繰り返していた。

もはや、その方と話しても平行線をたどるだけだと思い、私は最後にこう付け加えた。

「私たちは、何か子供たちが問題を起こせば、その子供を批判の的とします。確かにその子供が犯した罪は、決して許されるものではないでしょう。しかし、その子供たちを批判して青少年の犯罪が少なくなってきましたか？　決してそんなことはないでしょう。すぐに新たな問題が引き起こされていくのです。」と結んだ。

それは犯罪が引き起こされたことだけに注目し、犯罪を起こした子供たちだけを批判して終わるからである。

先の「最近の子供たちは全てにおいて変わった」という見方は、表面的な見方であると思う。表面だけを問題化し、子供は全てにおいて変わったと述べられたのである。

子供感の論争は互いに考え方の違いで終わった。

（二）社会の変化と子供の育成

「子供たちが非行に走る原因は何か」と問われると、私は即座に「その原因はこうだ！」と言い切れるほどのデータも知識も持ち合わせていないので、客観的に述べることはできない。しかし、子供たちを取り巻く社会全体の気風は、子供たちを真剣に育成する気風になっているのであろうか。

ここで、一九六〇年代の子供たちと現在の子供たちの生活の比較をしてみたい。

【一九六〇年代の子供たちの生活と現在の子供たちの生活】

現在	一九六〇年
○テレビ（カラーテレビ） ○コンピュータ ○コンビニエンスストアが増加（生活必需品の全てがそろっている） ○お金を出せば、様々なものが購入できる ○テレビゲームが子供たちの生活の中に浸透し、家で遊ぶことが中心になって、テレビゲームが遊び相手 ○多くの場合一人または、二〜三人でテレビゲームをする ○狭い空間でひたすらゲームに興じる ○遊びの中で助け合ったり、協力して何かを創りあげる経験が少ない	□ラジオを聞くぐらい □マンガの普及 □店はなく、生活に必要な物があらゆる面で不足していた □各家庭では、自給自足が当たり前であった □家で遊ぶことはほとんどなく（雨が降ったときぐらいである）、多くの場合自然を相手に子供たち同士で遊ぶ □異年齢の子供たちと集団で遊ぶ □広い空間であらゆる遊びをする □仲間同士で助け合い、協力しあって遊び、協力して何かを創りあげることができた

○遊びはテレビゲームかテレビ	□四季を感じながら遊ぶ 植物、昆虫、水生生物などに接する機会が多い。地域の山の名前や、どこに友達の家があるか、また、獲物がどこで捕れるか全部知っていた
○遊ぶ場所が限定されている	□遊ぶ場所が広い
○学校から帰ると塾へ行く	□学校から帰ると友達と遊ぶ
○夜のネオンを見ながら塾から帰る	□一番星を見ながら帰る
○隣近所の人の顔は知っているが、どんな人なのか全く知らない、挨拶もしない	□隣近所の人はよく知っており、悪いことをすれば怒られる
○地域をあげて何かをするということがあまりない。行事があっても参加しない	□地域をあげて、海水浴に行ったり、地域をあげて行事をすることが多い
○家の手伝いの経験が少ない	□農作業の手伝い、食事の支度の手伝い、買い物の手伝い、家の掃除など
○けんかがいじめにつながる	□けんかをしても、翌日は仲直り

【比較から見えること】

①物の豊かさ（飽食の時代）

物が作られていくプロセスを全く知らない。例えば、スーパーマーケットに並んだ野菜がどのようにして作られるのか、また、どのように店頭に並ぶのか知らない。多くの子供たちは、料理として食卓に並んだ物を食べるだけである。木を植えたり、育てたりする体験がほとんどないと言ってよい。

②自然の中での遊び

自然を相手に遊ぶことがなくなった。このことは、現在の子供たちにとっては不幸である。自然の中で感じる、花の美しさ、樹木の大きさ、匂いなど五感を通しての体験が全くない。

③ 感　性

自然に触れる機会の減少からは、季節の移り変わりに鈍感になる。当然季節感がなく、自然環境に視点を置いた活動が無いため、感性の育成が阻害されている。

④ 集団での遊び

集団で遊ぶ体験が不足している。また、異年齢との遊びが少ない。集団で工夫して遊んだり、けんかをしたりすることもない。異年齢で遊ぶことが無いため、自己本位的な子供が多くなる。

⑤ 植物や昆虫、水生生物との接触不足

居住している周りに、どんな生物がいるのか全く知らなし関心もない。バッタを見た子供が「こわい」「気持ち悪い」と後退りする。

だからと言って、一九六〇年代の子供たちが現在の子供たちより優れているかと言うことではない。子供の本質は同じなのである。しかし、子供たちを育ててきた大人自身に問題があるように思う。それは、社会の変化の中で、子供たちをどのように育成しようとしたのか、そこに大きな課題があると思う。一九六〇年代へタイムスリップはできないが、その当時の良さを洗い出し、子供たちの育成のために取り入れることもできる。

確かに、自然環境は当時と比べ悪化はしている。しかし、まだまだ豊富な場所もある。また、普段気が付かない場所にも自然は残されている。大人たちが、子供たちを本気で育てることを考えれば、その当時の良さを認識しながら、自然環境に目を向けてほしいものである。

二 感動体験の消失

(一) 子供たちの育成と社会の利益

数年前になるが、海外を訪問したことがある。私は喫煙家であり、タバコの販売機を探した。しかし、どこにも見当たらない。日本の感覚でいたら全く違っていたのである。

日本ではどうであろう。タバコの販売機、お酒の販売機などは無防備である。誰もが自由に購入できる状態にある。(時間を制限するようになったが……)

同じように、コンビニエンスストアでは大人が見ても赤面するほど刺激が強い雑誌類が氾濫している。

また、情報化の時代である。多くのメディアは挙って、子供たちの受けをねらった「おもしろい」番組が目白押しである。流行語や登場人物を茶化す言葉などを大袈裟に取り上げ、子供たちを扇動する。テレビドラマの中では、殺人の仕方までも教えてくれる。

もちろん、フィクションの世界であって、娯楽であると言えばそれまでである。だから、このことが直接子供たちが非行に走る原因と直結しているとは言い難いが、このような内容が子供たちの見る時間帯に必要であろうか。小学校の高学年になると、深夜番組まで見ているという実態もある。

これは、社会全体が何らかの利益を得るためのものであり、これからの世界を背負っていく子供たちを育成する上で果たしてプラスになっているのだろうか。社会全体が本当に子供のことを思い、真に子供を育成しようとするならば、もっと真剣に考える必要はないだろうか。

しかし、全てのメディアを否定するものではない。中には優れたテレビ番組も数多くあり、多くの感動や希望を与えてくれる内容が多いことも事実である。ただ、視聴率や販売率を上げ、利益のみを追求していくのではなく、子供たちの育成も考慮してほしいと願っているだけである。

(二) 子供を取り巻く環境

戦後、日本社会は凄まじい成長をした。

豊かな生活が保障され、衣・食・住に足り、国内や海外旅行も自由にできるようになった。なんと豊かな国になったのだろうか。

家庭生活もあらゆる面で利便性を求め、全てが電化された。今や家庭には、電話、洗濯機、冷蔵庫、テレビ、車は当然で、パーソナルコンピュータまでもが必需品となっている。

こんなにも私たちの生活は豊かになった……。

しかし、この豊かな生活の裏には、何かが犠牲になっている。大量のゴミ、河川・池沼・大気の汚染等々目に見えないところまで入れたらキリがないくらいの環境への負荷がもたらされている。私たちの生活が豊かになればなるほど、犠牲になるものが大きいことも知っておくことが大事だろう。

そして、私たち人間自体はどうだろうか。

社会が進歩発展を遂げるほどに人の心も豊かになったのだろうか。それどころか反比例したと思うのは私一人だけだろうか。ニュースでは毎日凶悪犯罪や幼児虐待、いじめや自殺等々の記事が連日にわたり報道されている。しかも理解に苦しむような事件が多くなってきたような気がする。人を思いやる心や優しい心は一体どこにいったのであろうか。これは、肉親や他人を問わずである。大人の犯罪に比例して、子供たちの犯罪も増加の一歩をたどっている。

人間の身体も飽食から様々な病気を引き起こすが、同様に社会も豊かになれば、いつの間にか病に犯されるのでないだろうか。

犯罪が犯罪を派生するシステムをつくっているのは、現在社会の病理そのものではないだろうか。

次に、病理の一つと思える、自然環境の破壊に触れてみる。

例えば、不法投棄について言えば、新聞のネタには困らないほどである。子供たちに伝えたい素晴らしい自

不法投棄されたゴミの山

然をいとも簡単に破壊していくのである。一見素晴らしい山並みである。しかし、一歩山中へ踏み込むと、そこはゴミの山である。

子供たちは皆、このような姿を見て育つのである。このような社会の変化から、子供たちが変わらない方がおかしい。私たちが問題としなければならないのは、現在の子供たちが大人に成長した時、同じことを繰り返す大人に成長する可能性を秘めていることを認識することである。

利益を得るためなら何をしても良いということにはならない。子供たちは大人の姿を見て育つのである。社会の進歩発展は、確実に子供たちに影響を与えてきた。

一昔前の家庭には親兄弟の役割や規則が明確になっていた。子供にも子供なりの役割と規則があった。それを破った時は、きつく叱られたものである。家庭は社会の最小の単位であり、社会のルールは家庭の中で培ってきたものだった。その中で親の大変さや力強さを肌で感じ、大人へと成長できたのである。

しかし、現在の家庭にその役割が機能しているだろうか。便利で快適な生活の中で過ごす子供たちは、役割の機能や叱られた時の悔しさを、正直に反省する素直な心が養われるだろうか。

私たち教員は学区を巡視することがある。また、日曜の学区を通りかかることもあるが、子供たちが外で遊ぶ姿に接することは皆無である。少子化のことを考えたとしても、何か不思議である。

しかし、次のことは否めない。

全国の子供たちの遊びは、テレビゲームという遊びで統一され、全国津々浦々どこへいっても同じである。以前の子供たちの遊びは、その土地土地に根付き、それぞれ特徴があった。それが統一されたことで、子供たちの遊びの文化はいとも簡単に消えつつある。

三 屋外遊びから屋内遊びへ

以下に私たちの子供のころの遊びをあげてみる。

○かんけり　○かくれんぼ　○陣取り　○おにごっこ　○ゴムとび　○たこあげ
○スギてっぽう　○水でっぽう　○馬乗り　○Sけん　○竹とんぼ　○木のぼり
○グライダー作り　○たんけんごっこ　○山登り　○草野球　○かくれが作り
○竹馬のり　○魚とり　○昆虫とり　○きのことり　○メンコ　○コマ回し

今や学校でも家庭や地域社会においても、このような外遊びをしている姿を見るのは稀である。このような遊びは古くから伝承されてきたのである。何年も何年も子供たちを楽しませ、感動させてきたのである。しかも、これらの遊びの多くは野外でなければできない遊びである。この野外遊びの中で子供たちは友達をつくり、各自の個性をつかむことができて感性が磨かれていくのであった。

私の小学校時代、友達数人と近くにある山に分け入り、苦労して道なき道を登りつめ、頂上の平原に出た時の喜びと感動。さらに、頂上から眺めた瀬戸内海の雄大さは、今も脳裏に焼き付いている。子供は本来、活動的であるはずだ。外で目一杯遊んで家に帰るのが子供の姿である。私たちは、四季を通して夕方まで外で遊び、一番星を見ながら帰るのが常であった。また、夕陽の美しさを感じながら家路に着くのが日課であった。

春は若葉の匂い、夏になれば流れる川の水の匂い、秋にはたわわに実る稲穂の匂いを、冬になれば雪の匂いを感じ育ってきた。現在の子供たちはこの季節を感じないままに過ごしている。私たちの感性はこのような形で身についたと言っても過言ではない。

四季を通しての遊びの中で、今でも印象が強いのは夏であった。近くに流れる川に出かけ、浅瀬の岩の下に潜む小魚を手を入れてつかむのである。石の下に手を入れ、小魚に触れた瞬間の感覚は、何んとも言えない感動をもたらしたものである。

また、夜は友達と懐中電灯をビニール袋に入れ、川で素潜りをする。夜の川の静寂さは心が洗われるようであった。そして、自然と落ちついたことを今でも覚えている。夜の川の中はさらに感動を与えてくれた。暗闇の中でライトに照らされた目の前を、夜行性のウナギが身をくねらせ通り過ぎて行く。さらに深くもぐり、大きな岩の下のくぼみに目をやると、大きなアユが体を横たえ身じろぎもせず寝ている。あたり一面は暗闇である。ライトに照らされたアユの美しさに感動した。

① 実　態

いくつか幼いころに経験したことを述べた。なぜ、先に列挙した遊びか消滅していくことが弊害なのか、おわかりになるであろう。このような遊びを通して感動、体験ができるのである。私が自然教育の大切さを訴えるのは、ここに依拠しているからである。

山に登れば不法投棄の山……
近くの山に登っても大気汚染で景色がかすんで見える……
水質汚染で川で遊ぶことができない……
道路を歩けば、交通事故の心配……

小人数で遊べば大人の誘拐の問題……
痴漢の問題……

右のことは現実に起こっていることである。あげるとキリがない。

これでは、感動体験など味わうどころか、身の危険を感じるのが実態である。

② 原　因

子供たちは、今、何かに出会い、何かを感じ、心を突き動かされることがあるだろうか。あったとしても、心を突き動かされるまでに至らないのではないか。

このように社会が進歩発展し、何不自由なく生活できる社会は、子供たちから多くの貴重な物を奪いとった感じすらする。その心のカテゴリーの中に「感動する」という、もっとも人間にとって大切なものを切り取った？　このことは、まぎれもない事実だと思う。

それは大人の責任でもあり、社会の責任でもあるとこれまでも述べてきた。

社会が悪いから子供たちも変わった。しかし、社会が悪い、社会が悪いと嘆いてばかりいるわけにはいかない。私も社会の一員であり、その責任を負う大人の一人である。さらに、子供たちを教育するという大切な仕事をまかされている大人である。

責任を回避するつもりはない。だからこそ、本気になりたいと思うし、本気で考えたいと思う。この著書の執筆も、この辺りの気持ちをきちんと整理しておきたいと思う気持ちが強くある。

こうして考えてみると、子供たちの感動体験の希薄化は、私たち大人や社会そのもののシステムや構造に原因を求めることができる。それは、豊かな生活を勝ち取ることだけに終始し、自然環境の保護・保全や豊かな心を育むこと、そして人の心の結びつきを軽視してきた結果ではないだろうか。

Column

『空き部屋あり』管理人より

1LDK・築三カ月・日当たり良好・即入居可

これは、わが家で作った鳥の巣箱の入居者募集のキャッチフレーズ。この広告を出して、早、三ヶ月。いまだ入居希望者はあらわれません。

鳥の巣箱は、総天然資材。屋根の材料は杉の皮、壁はシュロの皮、床板はモウソウ竹で作ったフローリング。それらをつなぐものは麻のヒモ。これほど、天然素材に凝った建物はありません。そして、建築された場所はモチの木の上。日当たりは良好で、風通しも良好。しかし、この素晴らしい環境でありながら、入居希望者はあらわれません。毎日、入居希望者のチラシを出してもなかなかあらわれないのです。

この新築の部屋よりも、築三〇年を過ぎたわが家の軒先に、入居した方があらわれたのです。

その方は、人見知りの激しい「すずめ」でした。すずめは、わが家の玄関先の軒に巣作りをはじめました。家の中でも、人の出入りが激しい玄関に新居を構えたのです。庭のモチノ木の上は、子育てには最適な環境であるはずなのに、わざわざ環境の悪い住まいを選んだのです。もしも私が鳥であったなら、新妻と住む家は、狭いながらも日当たり良好な家を選びたいと思います。そして、生まれた子どもたちも、すくすくと育つ環境を選ぶと思います。

これは、人間の目から見た家の環境なのでしょうか。すずめから見た目では、人の出入りがあっても、そこは、すずめからすれば天敵も寄せ付けない場所であり、安心して子育てができる場所ではないでしょうか。

人が自分の考えでこれは良いことだと思っても、自然の中で生きている動植物からすれば、人がすることは身勝手なことかもしれません。自然の中で生きる者たちのことを本当に考えることにより、初めて私達の行動は受け入れられるのだと思います。

最後に、わが家の空き部屋は、本当に良い環境だと思います。どなたか、空き部屋を探している方を知っていましたら、当方まで連絡下さい。良い条件で部屋をお貸しします。もちろん、部屋代は頂きません。

（元ＰＴＡ会長　小出　和茂）

感動体験の必要性

一 子供たちに必要な感動体験

これまで、私の幼いころの感動体験から、現在の子供たちがいかに感動体験に希薄になっているか、その原因を探ってきた。そして私なりの方向付けをしてきた。

ここからは、その必要性について述べてみたい。

現在社会が急速に変化すればするほど、感動をすることが必要ではないだろうか。それは、今の子供たちの学力とも関連するからである。知識だけが学力ではない。学力は知識をも包括するものだと思う。

感動体験は、多くのものに優しさや思いやりを持つ心を育む
新しく何かを発見する心（探求心）を育む、集団意識を育む

以下の内容は、私が体験してきた感動の体験から思考したものをまとめてみた。もちろん、これ等以外にも感動体験から多くのことが得られるに違いない。

ただ、確信できることは、感動体験は知識や経験でなく、幼いころにいかに自然に多く接しているかによって決まってくるものだと考える。

○親類に学者もいない私が自然科学の道に入れたのは、子供のころの豊かな自然との付き合いがあったからこそ

ノーベル科学賞受賞者　福井謙一氏

一九九八・一・一〇　讀売新聞

○もっと子供たちに伸び伸びと自然にふれさせる機会をつくる必要がある

ノーベル科学賞受賞者　白川英樹氏

二〇〇〇・一二・一三　讀売新聞

ノーベル科学賞を受賞した、福井謙一氏と白川英樹氏の大変貴重な言葉である。年代は違うが、両氏とも自然の中でたくさんの感動体験を味わったに違いないと思う。

福井氏は、自分が自然科学の道に進めたのは子供のころにたくさんの自然体験をしたからであり、白川氏は、幼いころの自分と比べ、現在の子供たちの育成について示唆されたものである。

しかし、自然の中で感動体験をたくさん味わえば、両氏のように誰でもなれるかと言えばそうではない。それは、人にはそれぞれの特性があるからである。ただ、並の常識では考えられない努力を積み重ねられたに違いないと想像する。また、先天的なものもあるだろう。

それでも少しの望みを持つとすれば、両氏に近づけるかもしれない。また、可能性はある。

(一) なぜ感動体験が必要なのか

これからの二一世紀を背負っていく現在の子供たちには、自然の中で多くの感動を体験することが必要不可欠である。

① 豊かな心の育み

本来、子供たちは「豊かな心」を持っている。だれに対しても優しく、寛容な心を持っている。しかし、表れてこないのであり、表せないのであろう。それに、世の中の生活が便利になり、多くの情報が居ながらにして得られるようになってきた。必要なものだけ、役

双眼鏡をのぞくみなさん

に立つものだけを自分で選択できるような世の中である。そこには自ら経験することのない、人との心の交流が希薄で、しかもこじんまりと限定した社会観しか持てない子供たちが増えてくるのではないだろうか。

正直、自分は都会で育ったので、未だに、本物のホタルを見たことがない。人の話では、山の中を走り回ったり、川で魚釣りをしたり、木の実を食べたという話がうらやましい。自分に体験が少ないので、子供に自然を教えるのは難しい。

これは、京葉小学校の実践「見直そう京葉の自然環境」で行った自然観察会の終了後に寄せられた保護者の感想文である。

まさに、私が考えていることをこの方は率直に述べられている。また、そのことで子供の将来について危惧されている。また、同じように寄せられた次の方の

説明する筆者

感想にも表れている。

子供たちが、生き物や動植物の命の大切さを自然環境の中で感じることで、他人にやさしく人の命を尊く思えるのですね。

この方は、自然環境の中で学ぶことは、他人にやさしく、人の命を尊く思えるようになると述べている。私も同感である。自然の中で、動植物に接した感動は、命の尊さをも知ることができる。

自然の中で接する小さな昆虫や野鳥にも尊い生命がある。こうした生物は、私たち人間と同じように「生」があり、人間が一番偉いと思ってはいけない。人間は自然の中で学び、多くの生物の生き方にも学んできたからであり、自然の中で生かされていると考えるべきである。

ある時、子供たちを連れて河口をフィールドワークした時である。

スコープをのぞく子供たち

双眼鏡で野鳥を観察した子供たちは、異口同音に次のように述べた。

「すごい、すごい！　こんなに間近に鳥が見える。なんてきれいなんだろう！」

この感動は帰路も続いた。

「今日は得したね。あんなきれいな野鳥が観察できたから……」このような思いが、「野鳥を大切にしたい、守りたい」という気持ちにつながるのである。

寒い日ではあったが、子供たちの顔は生き生きしていた。

② 発見する喜びと探求心の育み

感動した喜びは、また味わいたいという気持ちになる。私は、自然学習に携わることになった年の夏休み、約四〇日間一日も欠かさず早朝の谷津田*を一人で自然観察した。きついとか大変だとか、そんなことは感じなかった。

それは、ある感動からであった。

一日目に偶然観察した「サシバ」（猛禽類）の勇姿を双眼鏡の中に観察した時であった。


サシバは、杉の木の頂上にとまった。私はあわてて持っていたスコープの三脚を広げ、杉の木の頂上に向けた。心の中で「逃げるなよ」と念じつつスコープを覗いた。サシバは鋭い目つきで遠くを見ていたかと思うと、尖ったくちばしで毛づくろいをはじめた。二、三度くちばし

＊谷津田＝谷地の高い所に堰を設け、山のしぼり水を利用し稲作を行う場所

を自分の毛深い胸にうめたかと思うと、激しく動かした。と一瞬、宙にサシバの毛が舞った。

なんと美しい光景であったか……

この時の感動が、その後の約四〇日間を支えてくれた。

私は自然観察にかかわる以前は、まったく野鳥には興味がなかった。「鳴いているな」という意識ぐらいしかなかったし、鳴いていても気づかない場合もあった。

それがある時、子供たちに誘われ野鳥観察にでかけることになった。すると子供たちは野鳥の鳴き声だけで、なんという野鳥か完璧に言い当てた。これには感動した。子供たちの感性はなんと豊かなのか、素晴らしいのかと思った。これがきっかけで、子供たちに案内されて野鳥観察にでかけることになり、サシバとの出会いにつながったのであった。

話を戻して、夏休みの四〇日間が終わった時には、谷津に生息する野鳥や飛来する野鳥の大体を、鳴き声だけで識別できるようになっていた。

ある一つの感動が、次から次へと探求する喜びに変化するのが自分自身でよくわかった。今日はどんな生物に出会えるのかが楽しみにもなった。だから、大変だとか疲れることなどは一度もなかった。それは、一日目のサシバとの出会いや、子供たちの鳴き声だけで野鳥の名前を言い当てる感動が、心の底で支えてくれたのだと思う。

このようなことは、子供たちの学習でも言えることである。

干潟に子供たちと一緒にフィールドワークに出かけた時である。

まず最初に、学校のグランドより広い干潟に子供たちは感動した。干潟で裸足になって走る子供もいる。また、砂遊びに興じる子供もいる。

しかし何よりも、子供たちは干潟に取り残された魚や小さな水生生物に興味を示した。間近に観察できる、魚やカニ類と戯れ、子供たちは生き生きとして聞きにくる。

「先生、これは何？」

「先生、こんな魚がいたよ」

「先生、これはクラゲでしょ？」

この興味と関心を引き起こすのは自然であり、次は何を見つけようかと考える子供たちにしたのも自然である。この自然を実際に体験した感動が、子供の探求心をかきたてているといっても過言ではない。

京葉小学校に赴任したばかりの四月、放送部の児童が赴任してきた私たちを紹介をしてくれた。それで、私の趣味がバードウォッチングであることが知れわたった。

ボラの稚魚をつかまえる

するると早速、昼休みの職員室に一人の女の子が私を尋ねてきた。

「先生、この学校にカラスの巣があるのを知っていますか？」

「えっ、カラスの巣があるの？」

「あるんですよ、それが……」

「どこに？」

「ええと、あの大きい木があるじゃないですか、あの上にあるんですよ」

「うんうん、あの木の上か」

「先生、いきましょうよ」

「よし、行ってみよう」

その女の子に案内をされ、その木まで歩いて行ってみると、確かに巣があった。カラスも近くにいた。かなり大型の巣であった。その女の子に聞くと、その巣にカラスが入っていたという。

「先生、明日も一緒にきてくれますか？」

「うん、いいよ」ということになり、次の日も行く

マテバシイの木にかけられたカラスの巣

ことを約束した。

次の日は人数が増えていた。

他の子供たちも驚いていたようで、日毎に子供たちの人数も増えてきた。

「先生、他の場所にも巣があるかもしれないよ」

「探そう、探そう」と多くの子供たちが言う。

次の日から、他の場所も探すことになった。

子供たちと探した結果は次のような巣が見つかった。
・学校裏のマテバシィーの木の上に、オナガの巣
・学校の中庭の電源ボックスの中にムクドリの巣
・学校の体育館通路の屋根にスズメの巣
・学校の校舎の壁面のすみに二三カ所のツバメの巣
子供たちの感性は豊かである。一つの発見から、野鳥はどんな場所に、どんな物を使って巣を作るのかも学ぶことになった。

オナガはどんな材料で巣を作っていたか、読者の方はご存じだろうか。市街地の学校であることを考えていただきたい。

巣を観察した時、とてもかわいそうに思ったが、そこはオナガの知恵である。巣を作る木の枝がくずれないようにヒモの役目をしていたのが、どこからくわえてきたのか、カセットテープが使われていた。きっと捨てられた物にちがいなかった。

それからしばらく経過して、オナガが巣にいる時間が長くなった。

「先生、きっと卵を温めているんだよ」と、女の子が言った。

それからも毎日、オナガをそっと観察に行った。

しばらくして、二羽のヒナを無事に孵し、元気に飛びたっていった。

一人の女の子の発見から、多くの子供たちを巻き込み、多くのことを学ぶことができた。その中には、野鳥に対する思いやりから、ゴミの問題へと派生していったことがあげられる。

それは、オナガが巣の補強にカセットテープを利用していたことだった。オナガにとっては、丈夫な巣にするためにくわえてきたのであったが、私も子供たちも何か悲しいものを感じた。

ツバメの巣の方は、校舎の壁面の隅に一三カ所もかけられていた。

ツバメは三月末に飛来する。

ある時、このツバメの巣が心ない者に壊された。職員を通じて、子供たちにも指導をしたが、ある先生はこのことを道徳の授業に取り上げ、子供たちとともに命の尊さを考える時間にあてたクラスもあった。

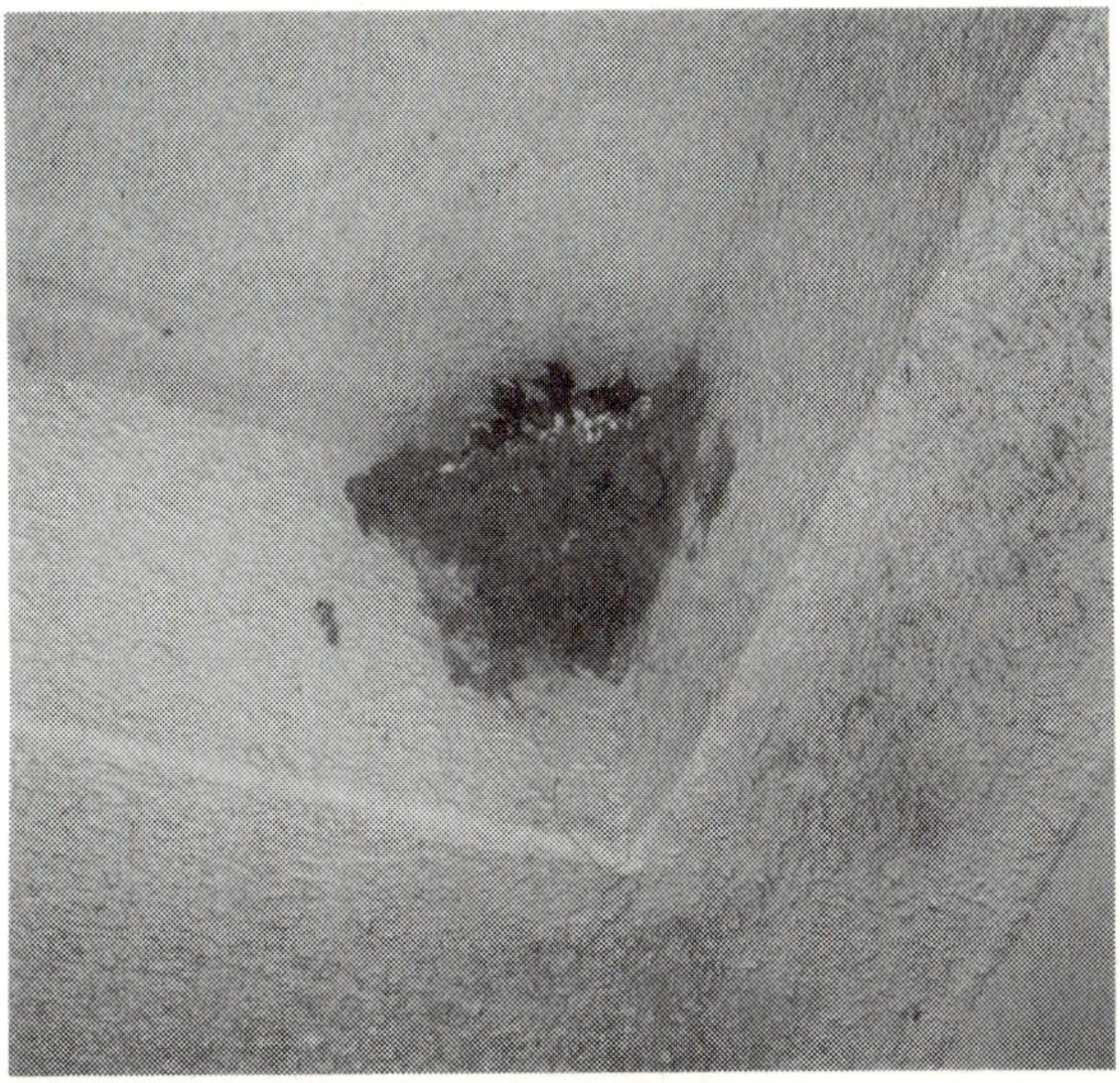

壁面にかけられたツバメの巣

③ 集団意識の育み

●自然の怖さも学ぶ

自然の中での感動は、それが大なり小なり集団意識を育むものである。

私の幼いころ、次のようなことがあった。

小学校六年生のころである。

担任は独身で、学校の近くに下宿していた。私たちはよくその下宿先に遊びに行った。先生は快く受け入れて、機会あるごとに私たちを自然の中に引っ張り出してくれた。

ある日曜日、先生と七名の子供たちは、近くの一〇〇〇メートル近い山に挑戦することになった。その日は、爽やかな秋晴れの最高の天気でもあった。真っ青な空はどこまでも高く、その空に吸い込まれそうであった。

登る時もみんな楽しく、心が弾んだ。みんな助け合いながら登り、途中、道なき道もあったが、迷うことなく頂上まで登ることができた。その頂上の眺めとは、言い表せないぐらい素晴らしく、深く感動した。

頂上は、真っ白いススキの花でおおい尽くされ、まるで真っ白い絨毯が敷きつめられたようであった。その花は時折吹く風にゆれて波打ち、幻想的ですらあった。私たちはその下で持ってきた弁当を広げ、だれかれとなく、おかずを分け合いながら食べた。みんな貧しいおかずであったが、交換しあって楽しく食べた。吹く風も心地よく、かいた汗もすぐに乾いた。

しかし、その後がいけなかった。

近くの杉の国有林に迷いこんだのであった。

何一〇キロと続く国有林の出口はなかなか見つからなかった。

先生を先頭に、歩けど歩けど出口は見つからず、歩くほど薄暗い杉林の中で行ったりきたりするだけであった。しかし、この時の集団としてのまとまりは強かった。みんなが協力し、前と後ろで声を出しながら手をつなぎ歩いた。

最初は大きな不安があったが、歌を歌ったり、冗談を言い合ったりしてお互いに勇気づけた。自然と心が一つになっていた。

長い長い杉林を抜ける時になり、前方が明るくなってきた時の感動、そして杉林から抜け出た時の感動は、今でもはっきりと覚えている。

この場合は、自然の怖さを感動とともに教えられたのかも知れない。しかし、だからこそ集団としてのまとまりが大切なことも自覚できた。私たちは誰に教えられることもなく、このことを自然の中で学ぶことができたのであった。

●感動を共有する

次に、私が京葉小学校で執筆し発行していた「環境通信」の三号に掲載した、生活科の学習（カニと遊ぼう）の記録である。私も子供たちと一緒に体験をして大変得るものがあった。その一コマを紹介する。

> 卯の起公園に着くと、干潟に降りていきました。
> 全員が集まったところで、二学年の主任である篠原先生から、観察の仕方や注意することなどのレクチャーがありました。
> いよいよです。

子供たちは、無数にあるアシハラガニやチゴガニのすみかの穴を見てびっくりしていました。

「先生、カニを見つけたよ！」という声があちこちからあがります。

子供たちの表情や行動を観察していると、とても楽しくなります。

干潟に長靴がうまって出られなくなった子供たちに対して、ある程度まで工夫させ自分で脱出することや、もしも、仮にそこに水があったらどうなるのかという危険性も考えさせながら、体験を通して分からせる工夫をされた指導は、見事なものでした。

できるだけ子供たちにグループでの観察をまかせ、学習を進めていきながらところどころに助言を入れることも、見ていてとても良かったと思います。

泥んこになって活動する子供たち「大きなカニを捕らえたよ！」歓声を上げるグループ。

「これは、野鳥のエサだよ」と、ゴカイを見せにくる子供たち。カニの穴をじっくり観察するグループと子供たちの活動は様々でした。

無数のカニの巣

「見てごらん、小さな魚がいるよ」と私が指さしました。

「あっ、いるいる」と、覗き込む子供たち。

「どうしてこんなところにいるんだろう」と不思議に思う子供たち。

見ると、小さな魚が水たまりに取り残されていました。

小さな疑問にじっくり取り組ませることの大切さ、それは事実から発見させ、考えさせることにつながります。


二二日にうのきこうえんにながぐつをはいて行きました。

カニの足が八本もあったのでびっくりしました。目は、真っ黒でハサミは二本とも同じ色じゃなかったです。かたほうがベージュ、もう一本がはいいろに近いベージュ、せなかは、黒に近いはいいろでした。おなかははいいろで少しもようがありました。カニはどうやってすをつくるのかふしぎ、ひっくりかえったら一人でもとにもどる。すごくふしぎです。カニってすごくふしぎだなぁ。


当日、多くの子供たちがカニと遊び、多くの感動を得ました。

本物のカニを観察し、あちこちから驚きの歓声が上がり、多くのことを発見しました。

次の子供たちの行動を見て下さい。

「おい、この下にカニがいるかもしれないぞ！」と、プラスチックでできている化粧板（捨ててあったもの）を二人で持ち上げています。

「いるかなあ？」

「なにしているの？」

二人から三人に子供たちの数は増えてきました。

「とれないな、これが……」

「この下にカニがいるぞ！」

化粧板をしきりにはがそうとしていますが、はがれません。

「おい、見ていないで、てつだってよ」

「いいよ！　いいよ！」と女の子が手伝いはじめました。

近くの子供たちがどんどん応援に集まってきます。

「おっ！　いたぞ！」と声があがります。

完全にはがれた化粧板の下に大きなカニを見つけたようです。

何しているの、何がいるの？

この下に何かいるぞ！

「すごい大きい！」
「すごい！　すごい！」
大きな歓声が上がり、周りにいた子供たちがどんどん集まってきます。
「つかまえたぞ！」
「すごい！　すごい！　やった、やった」

すごい！　大きなカニがいるよ

子供たちの服やズボンは泥だらけ。そんなことはおかまいなしで、大喜びしていた。

私はそばにいて、カメラのシャッターを押しながら子供たちの様子を観察した。

自然の中で子供たちは生き生きと活動した。

集団としての活動は、素晴らしいものがあった。

特に、最後の二人が化粧板をはがし、カニを探しはじめたところに次から次へと子供たちが集まって、みんなで協力するところは、とても楽しかった。自然の中で、集団として小さな子供なりに協力し、一つのことを達成した。カニを見つけた時の大きな感動と喜びは、「すごい、すごい！　やった、やった！」との喚声に表されている。

ある一人の子供が何かを発見し、それに感動する。その感動したことが起爆剤となり、他の子供たちへ派生していく。他の子供たちも同じ感動を味わいたいと思うのであろう。そこに集団意識の高まりができていくのである。

この感動は自然の中が最も適していると思う。広い自然環境の中には、子供たちを引きつける様々な素材がある。しかも、他では味わうことができない素材が至るところに存在しているからだ。また、人それぞれで受け止め方が違うように、多様性に富んでいるところも自然の良さではないだろうか。大人がその素材を知っていて、そっと投げかけてやるだけで、子供たちは夢中になれる。

私が小学校時代の先生は、そのために自然の中に私たちを引っ張り出してくれたのかもしれない。それは、私がその当時のことをこうして記述できるのも、当時、いくつもの感動を味わったからだと思う。

これまで、自然環境にかかわりを持たせながら、感動体験はなぜ必要かについて三点の内容を提示し、経験や実践を述べてきた。この三点（豊かな心の育み、発見する喜びと探求心の育み、集団意識の育み）は、いずれも自然との接点から感動体験が生まれ、その中で思考してきたものである。これらは、これからの世の中が変化すればするほど、子供たちにとって必要なことがらである。

是非、自然との接点を求めて欲しいと祈らずにはおられない。

しかし、私たちだけでなく様々な人が自然体験の必要性を考えている一方、それを阻害している要因も現実としてある。その要因について考えてみる。

（二）感動を忘れた子供たち

①　人間は、感動を味わいながら成長する

子供たちの自然体験が徐々に少なくなってきたことから、ねらいは別として一面的な見方ではあるが、学校では先の学習指導要領改訂において生活科が位置付けられた。また、二〇〇二年から、総合的学習の時間が教育課程の中に位置付けられようとしている。私自身は大賛成である。教室という箱の中から子供たちを無限の自然の中に引き出して、体験活動をさせることが、今、最も大切であると思っているからだ。

自然の中での遊びを通して、感動体験がいくつもできる。自然から学び、感動を積み重ねていく中で心の豊かさも生まれ、人に対して優しい心も培うことができるのではないだろうか。

②　感動体験が味わえない

感動体験が味わえない一つの理由として、自然との接点が非常に少ないということは、これまでことあるごとに述べてきたし、その訳けについてもふれてきた。学校では、教育課程の中に工夫を凝らし、様々な形で体験活動を行っているが、しかし、時間的に制約されることは避けて通れない。

また、自然体験はできるが場所が学校から離れているという場合、体験活動の時間よりも、そこまでの往復に費やす時間方が多かったということもよく耳にする。

もちろん、時間の幅を大きく取るような裁量がまかされてはいるが、毎回フイールドに出るわけにもいかない。

それでは、土日の休業日はどうかというと、塾や習いごとに時間が取られ、自然体験できる時間はないというのが現実である。そして、習いごとがない場合には、テレビゲームやその他の遊びに費やされるといった、家遊びが多くなっているのが現状である。

実際にトンボやコオロギ、バッタ類を見ると「気持ち悪い！」と逃げてしまう子供もいる。手に取ってじっくり観察したり、トンボが青空を飛ぶ様をじっくり観察するということは、今や希なことになったのだろうか。テレビや本の中の世界しか知らない子供が増えてしまったようだ。

疑似体験からは、生き物の本当の躍動感は味わえないし、命の尊さや自然の大切さなどは理解しようがないと思うのだが。

二 自然教育の教材

（一） 自然教育の多様性

自然環境の中には有機質、無機質なものを含め、ありとあらゆる物が存在している。それ等を細かく分類することだけでも一生かかってしまうだろう。それだけ、自然を対象とした素材は無限にある。

したがって、どんな素材でも学習の教材になることを知ってもらいたい。

〔教科としての素材〕

全教科が対象になると考えてもよいだろう。それは、素材はどこにでも転がっている。その素材を教材化すればよいのである。

例えば、道端に落ちている石ころを拾って集めても算数の数の学習もできる。また、集めた石ころを一つのまとまりとして、集合にもつながる学習にもなる。姿、形が違う石ころに絵の具で色をつけ人形にする発想や作業は、図工にもつながる。

山の樹木の本数だって数の学習につながれば、落ち葉を使って分類までもできる。何も、高価な教具を購入して学習を行うことだけが教育ではない。

国語の学習では、フィールドで観察したことを記録するには順を追って書くことになる。これは説明文の学習の基礎的な部分にあたる。

理科においては、写真入りの教科書に頼ることもなく実物を観察することができる。写真と実物では大きな違いであり、観察力を養うことにつながる。

社会科においては、自分たちが住んでいる地域の自然環境を調査して、みんなで地図をつくったりする。

また、実際に農業を体験することもできる。稲作がどれほど大変か、野菜はどのようにしてできるのか等を体

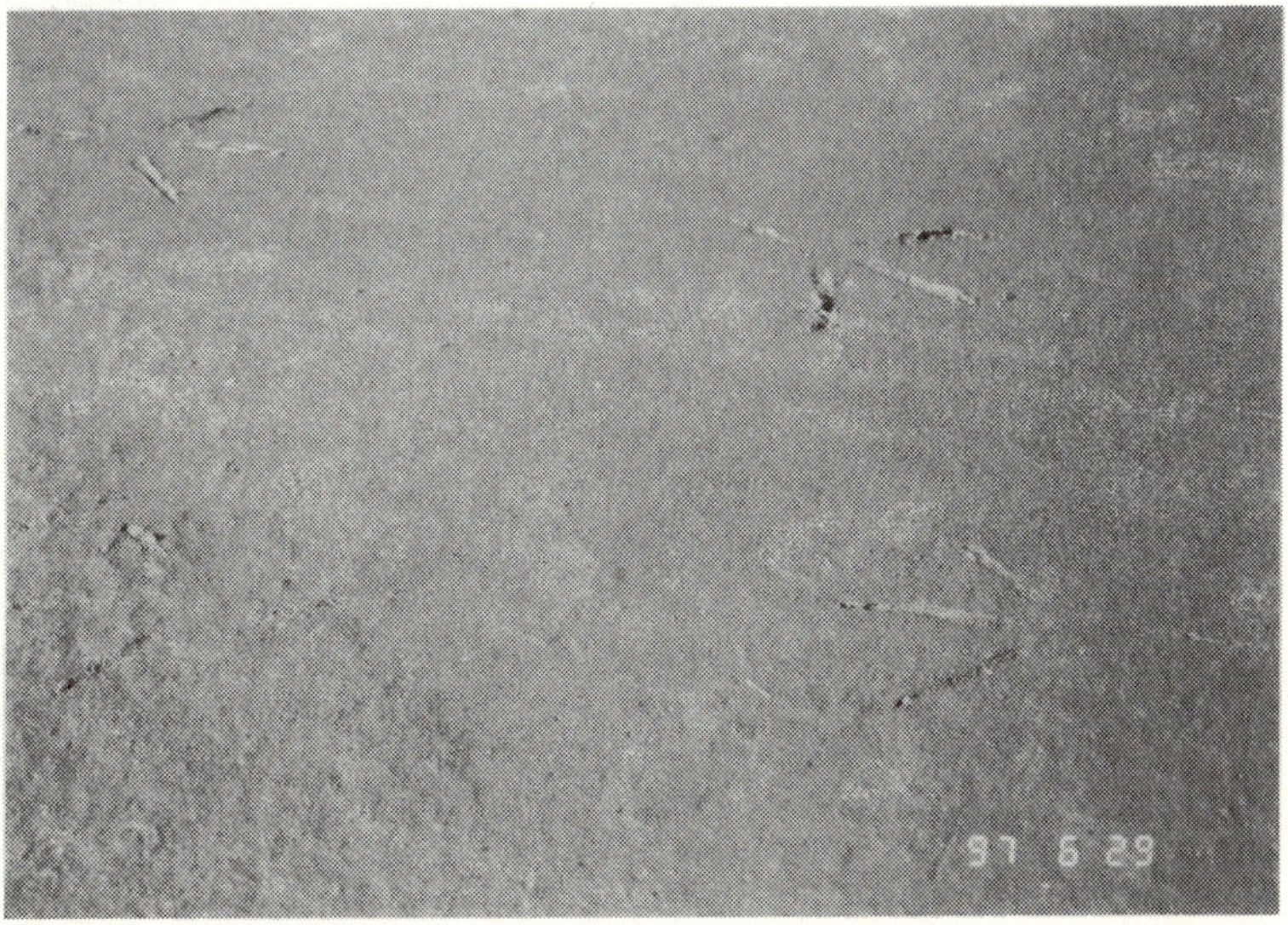

ダイサギの足跡から見えるもの（みんなで想像してみよう）

験することで学習ができる。収穫に参加できれば喜びも倍増し、さらにそれらを調理すれば、家庭科との共通性が出てくる。

ここでは簡潔に述べたが、他の教科も同様に考えることができ、自然を対象に工夫していけば、学習の幅はどんどん広がっていくことになる。ここに多様性を見出すことができる。

前述の「養老川」河口でのカニ捕りでも、「川」一つとっても様々に工夫を凝らせば教材と成り得る。

フィールドに出ると様々な音が耳に入る。また、吹く風の爽やかさは自然と心を和やかにしてくれる。どんなに怒られても、また、友たちとけんかをした時や心配ごとがあっても、自然の空気をスッーと吸い込めば、とてもさっぱりとする。

これは、自然が持つ妙味である。

子供たちとフィールドワークをしている時、自然の中ではいさかいを起こす子供たちは不思議といない。

これは、大きな樹木の前に立つと不思議と心が落ちつくことがあるように、自然の中に同化して心がコントロールされるのではないだろうか。

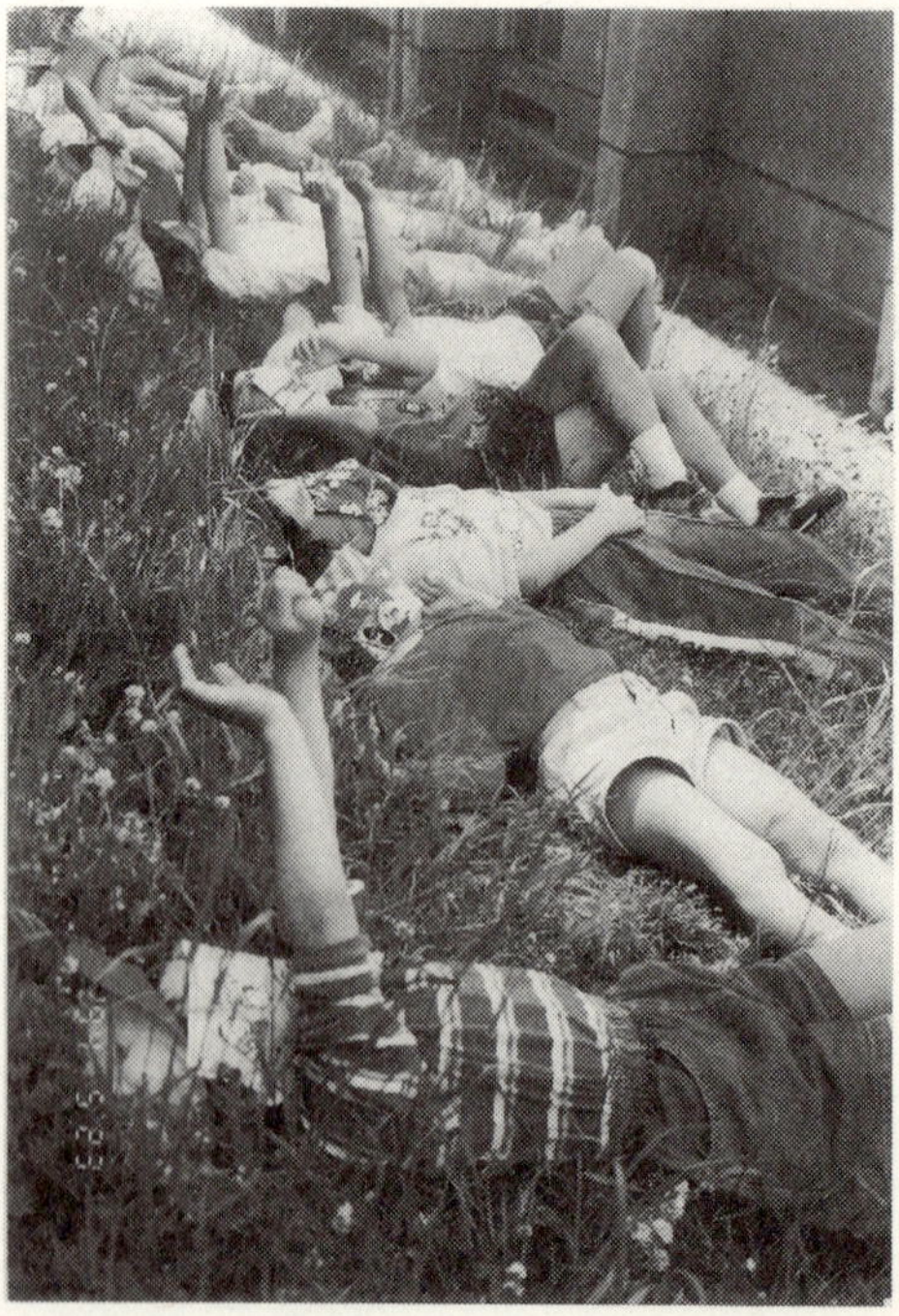

何が聞こえるかな？

とるのは写真だけ、残すのは足跡だけ

上記の言葉は、フィールドワークでのもっとも常識的なことである。

子供たちに幾度となくこの言葉を説明し、フィールドに出るたびに繰り返している。しかし、このことを一番守れないのが大人である。「少しぐらい」、「自分一人くらい」との自己本位の理屈を付けるのが大人たちでもある。この姿を子供たちは見ていることを肝に銘じて欲しい。

ある譬えで「貧しい集落で祝いごとがあり、酒を各自徳利に一杯ずつ持ち寄ることになった。しかし、みんな貧しい中、余分な酒などあるわけがなく、持ち寄った徳利の酒を瓶に移し、いざ飲み始めたところ、水だった。」と言う話がある。

「自分一人くらいなら分からないだろう」との勝手な思い込みが、実はみんなも同様に思っているとの、戒めの話である。

下図は、自然教育を通して感動体験ができる内容を図式したものである。

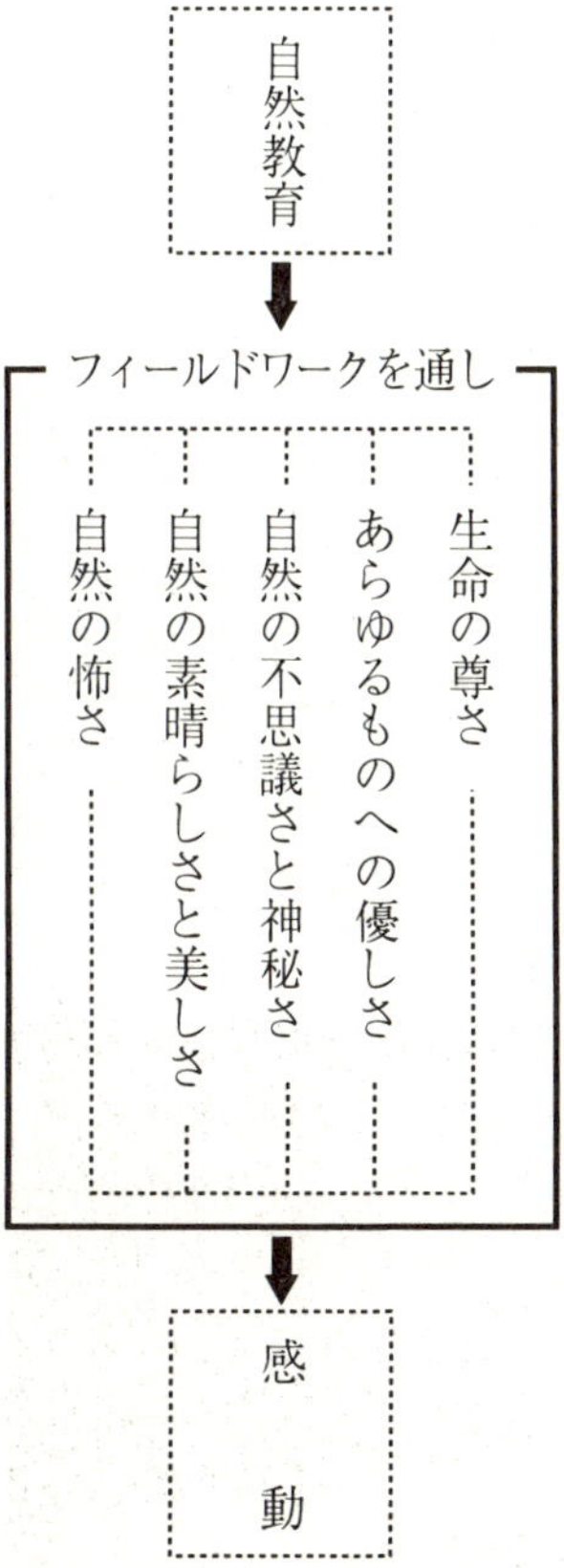

自然体験学習で得られること

ただ、感動はその時々に感じるものであり、人によって違うのは当然である。ある場面では感じ方が弱かったが、他の場面では非常に強く感動した、ということもある。しかも、心の奥底でじっくり感動する子もいれば、身体全体で表現する子もいる。決して押しつけるものではなく、その本人の感じ方を尊重しよう。

ただ、その場所の状況や諸条件など、周辺の情報を事前に教えておくことも必要である。シチュエーションも感動体験には必要な要素でもある。

(二) 演出にも工夫する

① 演出の手立て

ＰＴＡの専門部活動の中に環境委員会が設置され、その専門部の方々を連れて河川敷をフィールドワークした。

特に、私が感動したポイントの場所を案内した。その時の感想文である。

フィールド・ワークをした河川敷

ほんの二時間程歩いた中で、アオサギ、チュウサギ、カワウ、コアジサシ、キジバト、ヒバリ……
実際に目にした写真ではない実物を見て感激、また、河口の干潟には、多くのカニ、こんな光景は、初めて、思わず声が出てしまいました。

自分の家からそう遠くない所に、こんなに美しいアオサギやチュウサギといった野鳥がいるのを知ったことは、驚きであり嬉しい発見でした。

アシハラガニが迎えてくれる

学区の自然環境は悪いと思っていたのに、養老川にはいろいろな種類の野鳥がいた。干潟にはたくさんのカニがいたり、自分が思っていたより生き物や自然が多いことに驚かされた。

多くの大人は、自分たちが住んでいる周囲の事情が全く目に入っていないと思った。感想文を見る限りにおいて、私の予想は当たっていた。実は、このような場所なら、きっと感動されるだろうと思っていた。特に、市街地の学区である。近くには隣接して京葉工業地帯が広がっている場所でもある。その近くに居住されている方々は環境が悪いと思っていたようだが、ところが市街地であろうと、小さくても自然は残されている場所はある。そこが盲点であったようだ。

それは、私が以前フィールドワークした際に発見していたので、特にチゴガニの大群は、誰が見ても感嘆の声を出すことは十分予想していた。

一二名の大人全員は、近くに住んでいながら、まったくこの場所は知らなかったのである。

まず、親たちが感動することは、次の感想にあるように大きなインパクトになって、子供への影響につながるのである。

> 先生のお話しで「感じる」ことの大切さをいつの間にか忘れていたので反省しました。わが家の子供たちを含めて忙しい生活を送っていますが、自分の子供時代と違うのだから、機会を設け連れてきたい。

PTA環境部の方々と

今回の探索で干潟を知った。家族全員で出かけてみたい。特徴を説明してくれる先生と一緒がいいです。

後日、多くの家族がその場所を訪れたたということを耳にした。

〔子供たちへの演出〕

この手法も大人と同じである。

教員は、子供たちが感動できる状況の設定を常に思考し、教材に活かしていくことが必要である。特に、自然を対象にする時は下見を何度も重ねておき、演出をすることも時には大切である。

以下は、二年生の子供たちと干潟を訪れた時の感想文である。

カニってなんで口からあわをだすのかふしぎに思った。それからすごくおどろいたのはハサミだった。なんでかというと、大きなりっぱなハサミを持っていたからです。

いっぱいのカニがダンスをしていた。とてもびっくりした。どういうふうにダンスをするのかがよくわかった。

子供たちの身近にいるが、まったく目にしないもの。また、そのような場所を訪れたことがなかった子供たちは、実体験した時の感動を「びっくりした」という言葉で表している。

自然を対象にすれば、多くの感動が生まれる。それは、コーディネータがどのように演出するかにもよる。

感想文にはないが、水面が真っ黒くなるほどのボラの稚魚の大群をみた子供たちは、スイミーの童話を思い出し、口にした。

② コーディネートの要点

・身近に観察できる場所
・こんな所に、まさかと思えるもの
・五感を通して観察できるもの

以上の三点ぐらいにしぼってみた。

この中にはないが、安全な場所の確認については、当然のことである。これらに配慮しながら自然と接してみてほしい。意外な発見をすることが多い。そして、継続できるような演出をしていくとよいだろう。

(三) 感動体験は幼い時から

この本の中で、どうしても書きたかったひとつである。

幼い子供たちを自然の中に連れ出すことである。遊園地や箱もの施設も良いだろうが、できるだけ自然の中で遊ばせてほしい。幼児期ほど好奇心が旺盛な時期はないからだ。

① 聞くことからのはじまり

幼児が大人のように感動体験をするかと言えば、そうではない。

幼児は、何かを見つけると次のように言う。

「これは何？」

「なんていうの？」

このように疑問を持ち、問いかけをする。

自然の中では特に多くの物が目に映り、多くの物に興味を示す。この時、大人は必ず応えを返すことである。子供たちに聞かれて、本当のことが答えられない場合もあるが、子供は正しい答えを要求しているわけではない。必ず共感を持って対応することが大切である。

子供たちが、疑問を持って問いかけることは大切である。幼児が疑問を持つことは、その疑問を解決していこうとする初めの第一歩でもあるからだ。

② 五感を通して自然から教わる

自然の中には様々な物がある。その中には、色がついていたり、匂いを出すもの、食べられるものもある。

私が幼いころ、「ウルシの木」にさわり、ひどくかぶれたことを想起する。それまで「ウルシの木」に触った経験がなかった。この木に触れば、ひどい思いをするということは、小学校低学年の内に身についた。

ひどい思いをしたのは、これだけではない。杉の木のむろにミツバチが巣を作っていた。ミツバチが追いかけてくることにスリルを感じ、そばに行って、杉の木にびっしりついたミツバチを木の枝ではらっては逃げ、はらっては逃げることを繰り返し行う遊びをしていたら、ミツバチに集団で襲われた思い出がある。その時、私の耳の奥まで入り込み、医者に行って取ってもらった思い出がある。これも小学校の低学年で味わったことである。

また、お腹が痛くなったら、「センブリ」という薬草の植物も煎じて飲むことも覚えた。痛い思いばかりしたかと言えばそうではない。野イチゴの甘酸っぱい味や、ヤマブドウやクロウメモドキの実を採っては食べた思い出がある。自然の中で食べられる実があることに感動したものである。

こういった思いは子供のころに多く味わっておいた方がよいだろう。知識として覚えるよりも実体験から気づいていくことの方が大切だと思う。

Column

職員旅行に行き、林や森をハイキングすることになった。

同僚のF先生ら二～三人と一緒に歩く。

歩きながら幾種類かの野鳥のさえずりが耳に入る。

「鳴いているね……」

「何が?」みな同じように言う。

このようなことをよく経験する。一緒に歩いている人の耳には入らない野鳥のさえずりが私には聞こえる。

不思議である……　不思議である……

私は得をしていることになる。

野鳥の訴えが耳に入る。

「元気かね？　わしらのさえずりを楽しんで下さいよ」

「そのかわりといっちゃなんだが、わしらの住む場所を大切にして下さいよ」

気づいてほしい、自然教育の大切さ

一　フィールドが教えてくれる

(一) 自分のフィールドを持つ

私は何カ所かのフィールドを持っているが、次の四カ所は私の身近な場所に点在している。その場所は、わが家を拠点として、東西南北方向に位置している。

まず、東（Aコース）の方向には貯水池があり、カルガモや時としてカワセミのつがいに出会える。また、稲作が行われている関係で井戸水を汲み上げている場所があり、丁度汗をかいたころでその場所にさしかかる。そこで一息入れ、冷たい井戸水で顔を洗う。

西（Bコース）は市街地であるが、一歩丘陵地の奥に足を踏み入れると、谷津田が広がる。その谷津田の中央には、農業用の水路が走っている。その水路は、残念であるがコンクリートの大きなU字溝で作られている。子供たちは水路に入り、ザリガニ捕りに夢中になっている。

この田んぼを囲むような里山の山道にアケビの木があり、毎年秋になると、見事な実をつける。

南（Cコース）の方向には神社があり、必ずその神社に足を踏み入れる。社にはうっそうと茂る森があり、多くの野鳥が観察できる。コゲラのドラミングやカワラヒワの美しい鳴き声が聞こえる。

その神社に向かう途中には広い田んぼが開け、坂の途中の畳やさんのおじさんとしばし話しこむ。庭にくるカワセミの話とか、オオタカが電線にぶつかり保護された話とか、様々な情報を聞くことができる。

広い田んぼを吹き渡る風は、とても気持ちがよい。田んぼのあぜ道を歩いていくと、梅の木が一〇本ぐらい植えられている。春には美しい花を咲かせ、その花にはメジロが群れになってやってくる。毎年楽しみにその場所を訪れる。

田んぼのあぜ道へと続く

北（Dコース）の方向になると住宅地が多く、ところどころに畑が広がる。その畑では、四季折々の野菜や花が栽培されている。

秋には、雑草のエノコロ草の実を食べにカワラヒワが群れでやってくる。住宅地のそばの細い道をさらに進むと、村田川という川の中流にぶつかる。その川には、コサギ、チュウサギ、カルガモなどの姿が観察できる。さらに上流に進むと水田が開け、春には川のそばのヨシの中からさかんにオオヨシキリが鳴く。秋にはモズが激しく鳴く。

道端の雑草類も何か自分を迎えてくれているようで、フィールドワークしていても、とても楽しさを感じる。どのコースも四季折々の自然は、多くの感動を与えてくれる。また、多くの発見がある。

私は、時間を見つけてはこれらのコースを散策する。コースの決定は、その日の気分次第である。「最近、カワセミに会っていないな」と感じたら、迷わずAコースにする。もう、あの場所の「アケビ」が熟れる頃か

親子でフィールドへ出ると心がはずむ

なと感じたらBコースにする。しかし、時にはAからDコースの全部をフィールドワークすることもある。

このように、自分のフィールドを持つと楽しみも倍増する。また、自然と心が豊かになる。しかも、自分の家から比較的に近い場所にコースはあるので、いつでも出かけるられるのである。このことは原則である。多忙でも一歩フィールドに出ると心が和み、疲れもどこかに飛んで豊かになれる。是非、親子でフィールドに出てほしい。

(二) フィールドではみんなが先生

さて、このテーマについて、保護者の方々、教員の方々に是非考えてほしい。私も子供たちに植物の名前を尋ねられたり野鳥の名前を尋ねられたりすることがある。このことで、正しい名前が直ぐに教えられる場合はそのまま伝えるが、私の範疇では子供たちに伝えられない場合がある。

その時は、次のようにその子供に話す。

「先生にもわからないよ。すごいね!」

「よく見つけたね」とほめてあげる。

その後、一緒にいる子供たちにそのことを話す。

「先生も気づかなかったことを○○君が見つけたよ」

「この名前を今日は、○○君の名前を取って○○とつけよう」

指導者が気づかないことを子供が見つけたのである。それこそをほめるべきである。

次のような話を聞いた。

「指導者が、フィールドで子供たちに生物名を尋ねられて正式名を教えられないからフィールドに出るのをためらう」ということがある。

知らなくてもよい。知らないことを知るために、フィールドに出るのである。

フィールドでは、誰もが先生である。

私の専門は体育科専攻で、生物学を専門に詳しく学んだわけではない。全くの素人である。

市原市立内田小学校で県内の先生方を集めて、環境教育の研修会が開催された。力量もない私が、環境教育のエキスパートの先生方を前に話しをしたことがある。

また、千葉県教育委員会の主催で、初任者の先生方や一般の先生方に、さらには、東京の国立オリンピック記念青少年総合センターで開かれた、「全国青少年環境教育指導者セミナー」の席上で、全国を代表して話しをしたり、アドバイザーということで発言したこともあった。

以下に、環境主任と私とで、千葉県教育委員会主催の初任者研修で若い先生方に講義をした内容について、その感想文とメッセージをいくつかを紹介する。

今日はご講義ありがとうございました。

今日の話を聞いて内田小の子供たちをうらやましく思いました。

なぜならば、自然があり、そして、その自然に目を向けさせ、子供たちに新たな発見ができるような機会を与える実践がなされているからです。

私自身、自然が多くある地域で育ったわりには、あまり、生物について知りません。

小学生時代に教科書だけの授業だけでなく、少しでも生物に触れる機会があったなら、生き物に関心が持てたのではないかと思います。

豊島先生がおっしゃった言葉で次のことが印象的でした。

「そのことを教えるためには、自分自身が、そのことについて好きにならなければならない」


「子供の感性を育てることが環境教育で最も重要なことです」ときっぱりとおっしゃっていた言葉が心に残りました。

私は、「環境教育」がこれからも益々求められていく時代になりその必要性も十分に承知しているつもりですが、今まで何か、面白味に欠けているように感じていました。

私が考えていた環境教育の意義は、子供に環境を守るための方法と心構えばかり、つまり、結果ばかり子供に押し付けていたようです。

まずは、自然環境に目を向けること、自然を愛すること、そして対話ができるようになること。そこからが出発であり、全てであることに気づかされました。


内田小学校の実践例を見ていると、自然が豊かだということを、とてもうらやましく思いました。しかし、それ以上に、地域社会との連携がとれているということが、うらやましく、また、とてもすばらしく思いました。

地域社会との連携を大切にするということは、わかっていても実際に行っていることは表面的なことばかりで、あまり大切にしていなかったということがよくわかりました。

現実に何かに取り組もうとすると非常に大変で、確かにいやなこともあるのだろうなとも感じましたが、「子供の学習の場を減らしてはいけない」という豊島先生の言葉を聞いて、教師という仕事を改めて考え直し、ついつい自分中心に考えてしまう自分自身をとても恥ずかしく感じました。


私の学校では、環境教育を全く行っていないので、内田小学校の実践を勉強して、大変びっくりしました。

今、世間では環境問題が大きく取り上げられているにもかかわらず、学校で身の回りの自然すら触れずにいるのは、いけないことなのだというあせりも生じてきました。
・環境集会を実施していること
・宿泊学習で環境教育を行っていること
・地域の人々とかかわりを持っていること
・学校に川を作ったこと
内田小の実践の中で以上のことが頭に残りました。また、環境教育では活動することが大切なのだということが頭に残りました。石鹸作りや水質検査は私自身初めての体験でしたので心に残りました。

子供たちにも石鹸づくりを体験させたり、バードウォッチングをしたり、内田小の実践の中から真似をさせていただこうと思います。

環境教育を本格的に学校全体で計画的に実践しているということに、大変おどろきました。環境問題が世間で大々的に叫ばれつつある中、こんなに早く学校で取り組んでいるということに感心しました。また、環境教育は学校で教えるだけではなく、家庭や地域にも呼びかけ、地域社会とともに取り組むようにし、その際、大切なこととして、子供の習慣的な実践力を養わせるよう努めなければならないということも分かりました。

廃油を利用した石鹸づくりも、簡単にできる環境教育の一つだと分かりました。

環境教育を校務分掌に位置づけ、全校で推進しているところは、大変素晴らしいと思います。校内に川を設置したり、様々な観点からより良い環境作りをめざしているのには、感心しています。

また、悪い環境からではなく、より良い自然があるからこそ環境教育をするという点に驚きました。でも、よく考えてみると〝なるほど〟と思います。自然の素晴らしさ、真の価値がわかってこそ、大切にしようとする気持ちや有り難みがわかるのだと思います。大変勉強になりました。

残飯からの土作りや自然の生き物と人間役でロールプレーイングをしたりするなど心（子供たちの気づ

き）と豊かな自然環境の両面を大切に育てる教育だということがよくわかりました。長い時間の根気強い努力（細かい段階）がたくさんあると思いますが、機会があれば、是非、詳しく教えてほしいと思います。

初任者の先生だからといって力は抜けなかった。若い先生だからこそ私は、持てる力を最大限に発揮して講義をした。

そして、多くの先生方が内田小の実践を通して、これまでの実践の誤りに気がつき、環境教育の大切さ理解してくれたのである。

ただ、このような講義や提案にはいつも勇気はいるが、私の心の中にはいつも次のことがあった。

フィールドでは、誰もが先生である。

知らないことがあるからフィールドに出る。

実践の裏付けがあれば互いに情報交換ができるし、知らないことは教わればよいだけである。

いつもこのことを根底に持ち実践に取り組んできた。

講師依頼がいくつもあったが、いつも快く引き受けた。それは、知らないことを知りたいという欲求があったからである。
東京での環境教育指導者セミナーの当日、私が話したことを記事にされた新聞社があった。その内容の一部を紹介する。

『学校で学んだだけでは知識としては身につくが、実践力の基礎としては身につかない』
そのため、PTA組織に「環境委員会」を設置してもらい、年間活動計画と環境学習を連動させるだけでなく、地域の自主組織ともタイアップし、子供たちの「実践力の基礎」づくりをしている。

こんな実践が、国立オリンピック記念青少年総合センターが開催した「全国青少年環境教育指導者セミナー」で報告されている。報告したのは、千葉県市原市立内田小学校の豊島安明氏。環境学習の内容そのものもさることながら、家庭や地域社会とどう連携していくかを示している点で注目された。
学校側には、「子供の実践力の基礎は学校という小さい範囲では身につかない。むしろ、家庭や地域の中で育つ」という前提となる認識がある。連携の大切な要素となったのは「一般的な美化のためではない『環境委員会』をつくってもらったこと」にあるという。

—中略—

二　身近なことから始める

(一) 気づくこと、そして知ること

内田小学校に勤務していた時、通勤途中のある家の石垣の上に乗せてある、古タイヤを使ったポットに偶然にも気がついた。一〇〇個近く並んだ古タイヤを見ると花が植えられ、とても見事であった。それは丁度信号待ちしていた時に、ふと見上げた場所に置いてあった。二年間通った道、これまでも信号待ちしていたのに、なぜ気がつかなかったのか不思議であった。その日の帰り道、そのお宅に立ち寄り、ご主人に作り方を教わった。そして、是非私も試してみたいと言ったところ、古タイヤも分けていただいた。

さっそく学校で作成してみたら、とても素晴らしいポットができた。発想の転換である。不法投棄されていたタイヤでも、工夫すれば役立つことに気がついた。これがＰＴＡ環境部の方々を中心とした、リサイクル活動

フラワーポットの誕生

へと発展していくきっかけとなった。

このように普段、通いなれた道でも何年も気づかず通り過ぎていることもある。この気づきは、自然の中でいくらでも体験できるし、素材が転がっている。

こうして考えていくと、気づくことはとても大切である。その人の感性を高めていくには、気づきをどう教えていくかによって決まるだろう。

(二) 気づきは、問いかけから

気づきは、違いを教えることである。身近な素材から問いかけた方が、その違いが子供によく分かる。欲を言えば、その一つの問いかけによって、次から次へと発想が広がる問いかけがよい。

羽根が大きいカラスと羽根が小さいツバメは、どちらが速く飛べる?

と聞けば「ツバメ」と答えるだろう。そして、どうしてそうなのかが頭の中に浮かんでくるに違いない。また、実際に飛んでいるカラスやツバメを観察して比較するだろう。

冬の里山をフィールドワークしていて大きなケヤキなどの樹木を見上げると、葉は枯れて落ちているのだが、木の枝の途中途中に丸くこんもりした、葉をいっぱいつけた植物がいくつか観察できる。ヤドリギである。ヤドリギは、葉が繁っている時には観察しずらいが、葉が落ちた秋から冬に観察できる。これを次のように、子供に問いかける。

あの木を見てごらん。
葉が落ちているのに、いくつかこんもりと
丸くなったものがあるよ。
あれはなんだろう。

子供たちは「鳥の巣だよ」というかもしれない。その時は、もう一度、よく観察させる。緑の葉がいっぱいついているので、すぐにわかる。

葉が落ちているのに部分的に緑がある。子供たちはとても不思議がる。どうしてなのかを考え始めるのである。

これは、大人にも問いかけてもおもしろい。

最後には、元の樹木とは違った種類の木だということに気がついていく。さらに、どうして他の樹木で生活できるのかということを考え始める。

このように、自然環境の中では多くの違いを認識させることができる。また、疑問に思うこともたくさんある。

ヤドリギ

これ等の違いを子供たちに問いかけていく。気づきは、こんなことから始めることである。

(三) 体験することから始まる

フィールドに始まり、フィールドに終わる

私は、内田小学校以来、この言葉をことあるごとに使い続けている。内田小学校で環境教育に取り組んでいた時、若い先生が教材研究で悩んでいた。

その先生は優秀な先生であったが、内田小学校の環境教育に取り組み始めて日が浅かった。公開授業が迫り、気持ちはあせる。しかし、どうしてよいのかが本人にはわからなかった。その時、その先生に言った言葉がそれである。

その後、その先生は昼休みになると毎日のように、子供たちとフィールドに出た。結果として、素晴らしい授業展開をすることができた。もちろん、その先生の大変な努力があったことは言うまでもない。

素晴らしい授業展開をした先生は、その後、同小学校の研究主任となり、環境教育をリードされるまでになった。

フィールドワークをしていて目にするのは、不法投棄の多さである。不燃物、可燃物と様々である。京葉小学校でフィールドワークをしてみて、一番にこのことが気懸かりだった。

「京葉の環境を守る会」やＰＴＡの方々が河口のゴミ清掃に取り組むことになったのは、ＰＴＡの環境部の方々と一緒にフィールドワークを通して認識したことから、家庭や地域社会を巻き込むプログラムができた。一つの体験が次の体験を生む結果となった。さらに、ゴミのことから市原市役所の環境管理課とも連携して実践することにもなった。

(四) 地域のマップづくり

フィールドへ出ることが多くなれば、その周囲のことを記録しておくことが大切である。

例えば、この川は一体どこから流れてきているのか、どんな水生生物が生息しているのか、また、川で観察できる野鳥はどんな野鳥で、種類としてどのぐらい観察できるのかなどである。また、自宅周囲にはどんな野鳥が観察できるのか、どんな植物があるのか、どんな実をつける樹木があるのかなど細かく観察し、記録しておくことが次のマップ作成に活かされる。

① マップの作り方

まず、一枚の模造紙に自宅付近の簡単な地図を書く。その地図の中に、フィールドワークをした時に記録した生物を書き込んでいく。写真や図があれば活用しやすい。

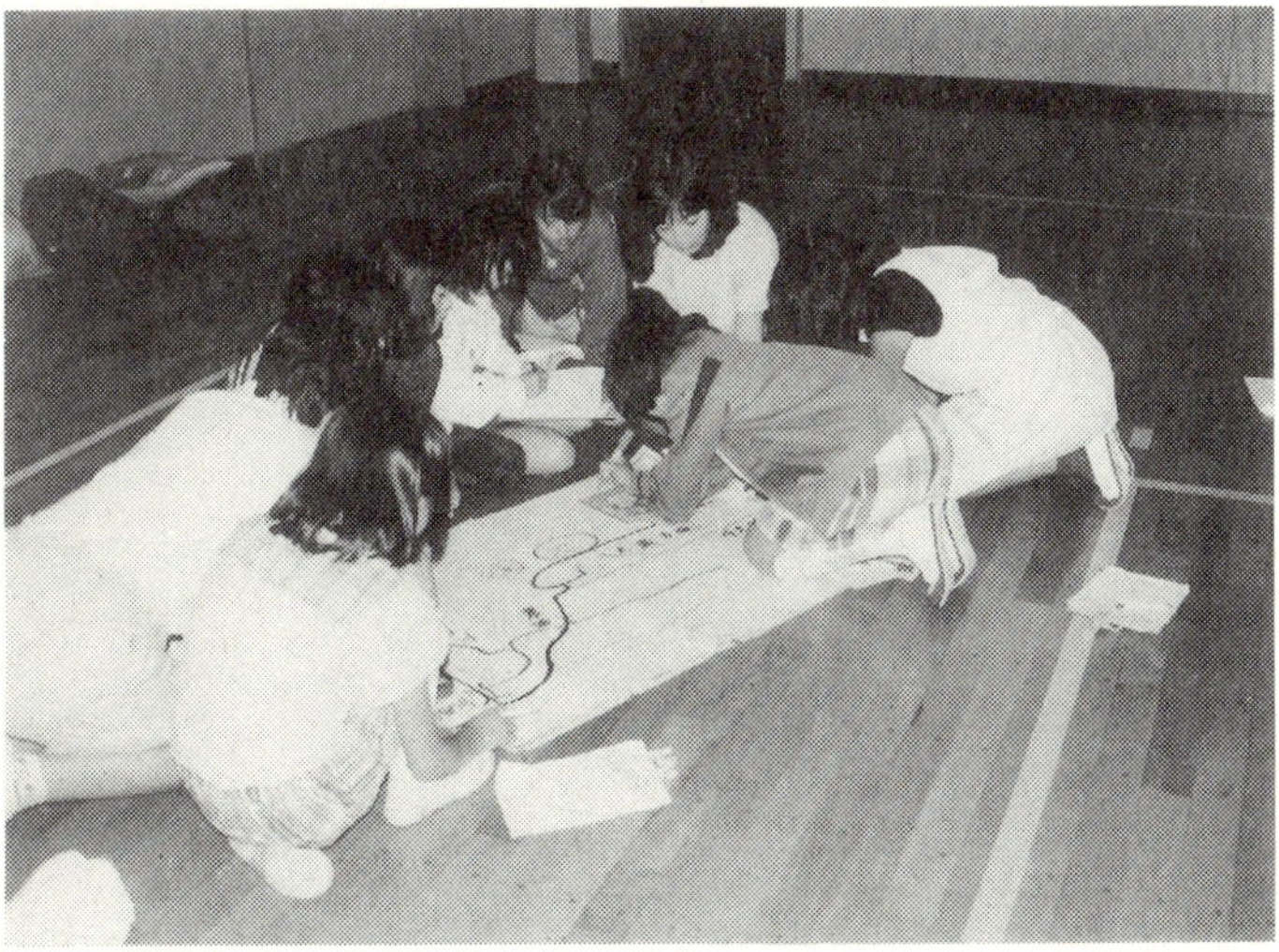

マップを作る

花の時期であれば開花した時期なども入れておくとよい。また、渡りをする鳥なども数を入れておくとよい。

さらに、フィールドコースを持っていれば、コース別に地図を作る。

このマップは、子供たちと一緒に作成するとよいだろう。

② マップの活用

・マップ上から動植物などの分布を知る
・マップ上で昨年度との違いを見つける
・違いから原因を考える

マップの活用は、感動体験ができるように、昨年度との違いと野鳥や植物の増減を比べてみる。昨年は、飛来していたカモの数が減ったのはなぜか。また、あのコースの植物が、今年はなくなったのはなぜか、などがこのマップを通してわかる。

また、植物や動物の分布状況も知ることもできる。

(五) 何ができるか、何から始めるか

① 課題を広げる

教科の課題を続けていると、教科からだんだんと離れていく。それは、当然と言えば当然である。

例えば、ゴミの学習は子供たちの家庭やその周囲へと広がっていき、さらにリサイクルとも結びついていく。

牛乳パックを使ったハガキ作りや再生紙の課題へと学習が広がり、紙の元となるパルプは、樹木の需要との関係にもつながっていく。そして、自然環境と関連づけながら学習が進行していくのである。

ここで、牛乳パックを使ったリサイクル活動と子供たちの感想を紹介する。

第三回環境集会

内田小学校では、年間を通して四回の環境集会を実施している。それぞれテーマを設定して実施し、子供たちに問いかけ、考えさせ、さらに実際に体験させることを目的とした。ここでは、下記テーマに基づき行われた集会のようすを紹介する。「みんなで牛乳パックを集めよう」ここでは、環境教育をさらに推進していく立場から、「自分たちを取り巻く自然環境を守る」ことを目標に、牛乳パックのリサイクル（再利用）を考えてみた。

●牛乳パック六個でトイレットペーパー

牛乳パックのリサイクル活動

が一個つくれる。

●牛乳パック一五〇〇個あれば、高さ八メートル、太さ一四センチメートルの木を切らなくて済む。

この現実を理解させることが目的であった。

一、牛乳パックを回収する前（各家庭ですること）

（一）飲み終わったらすぐ口を全部開いて、水でよくすすぎます。

（二）次頁の図のような手順で開くと一枚の紙になります。

（三）タワシなどでよく洗います。

（四）よく乾かします。

（五）注意すること

★特殊なコーティングのしてあるパック（ジュースのブリックパックやお酒のパック、ロングライフミルクのパックなど）は再生できません。

二、回収日

月一回第三土曜日とします。

三、回収方法

よく乾かした牛乳パックを各家庭で集めて保管をしておいて下さい。

ヒモで結わえて子供に持たせて下さい。

各クラスで集めた牛乳パックを学校で保管します。

※つながっている順に手前、向こうと手を引いてのりをはがしていく。

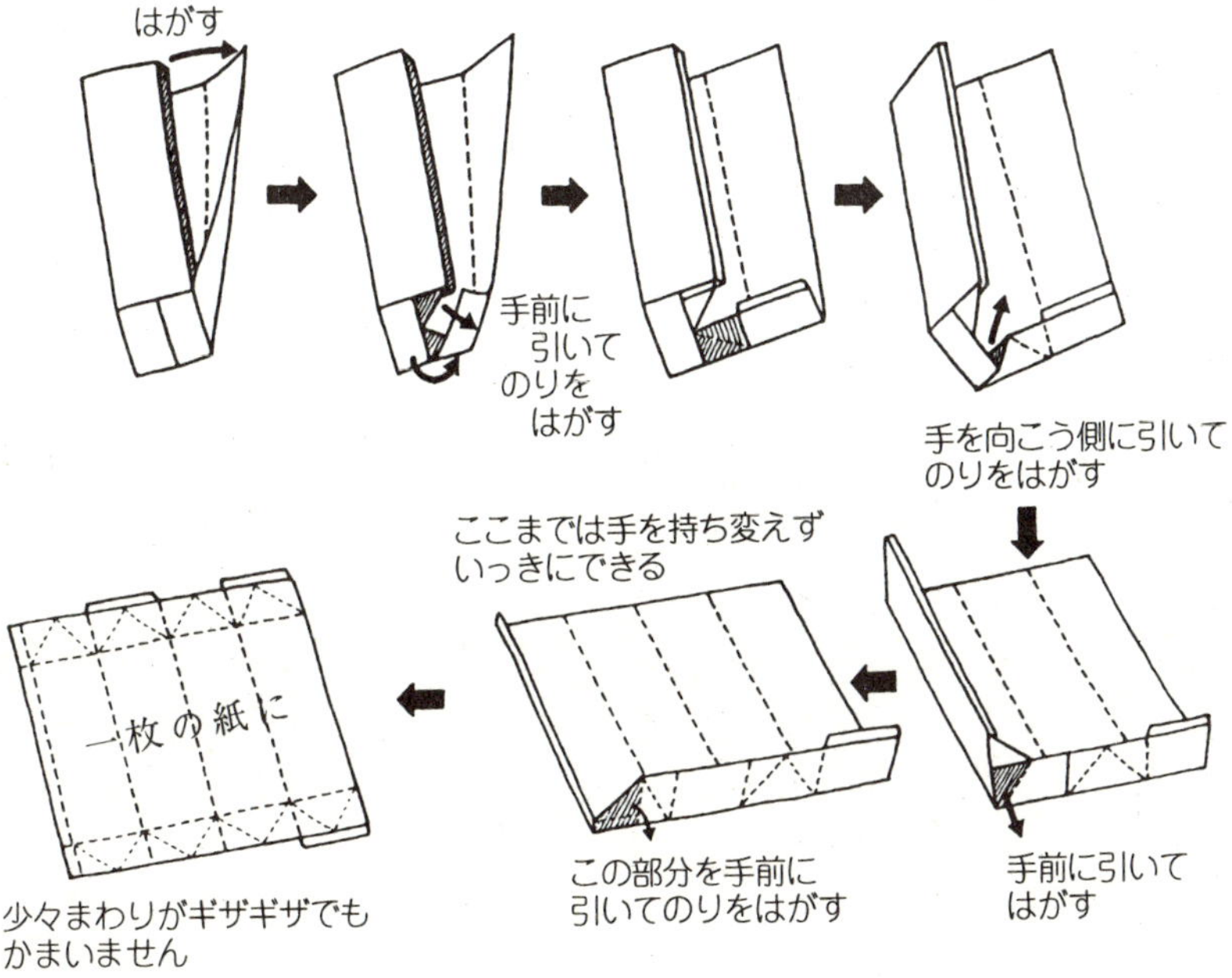
はがす
手前に
引いて
のりを
はがす
手を向こう側に引いて
のりをはがす
ここまでは手を持ち変えず
いっきにできる
一枚の紙に
この部分を手前に
引いてのりをはがす
手前に引いて
はがす
少々まわりがギザギザでも
かまいません

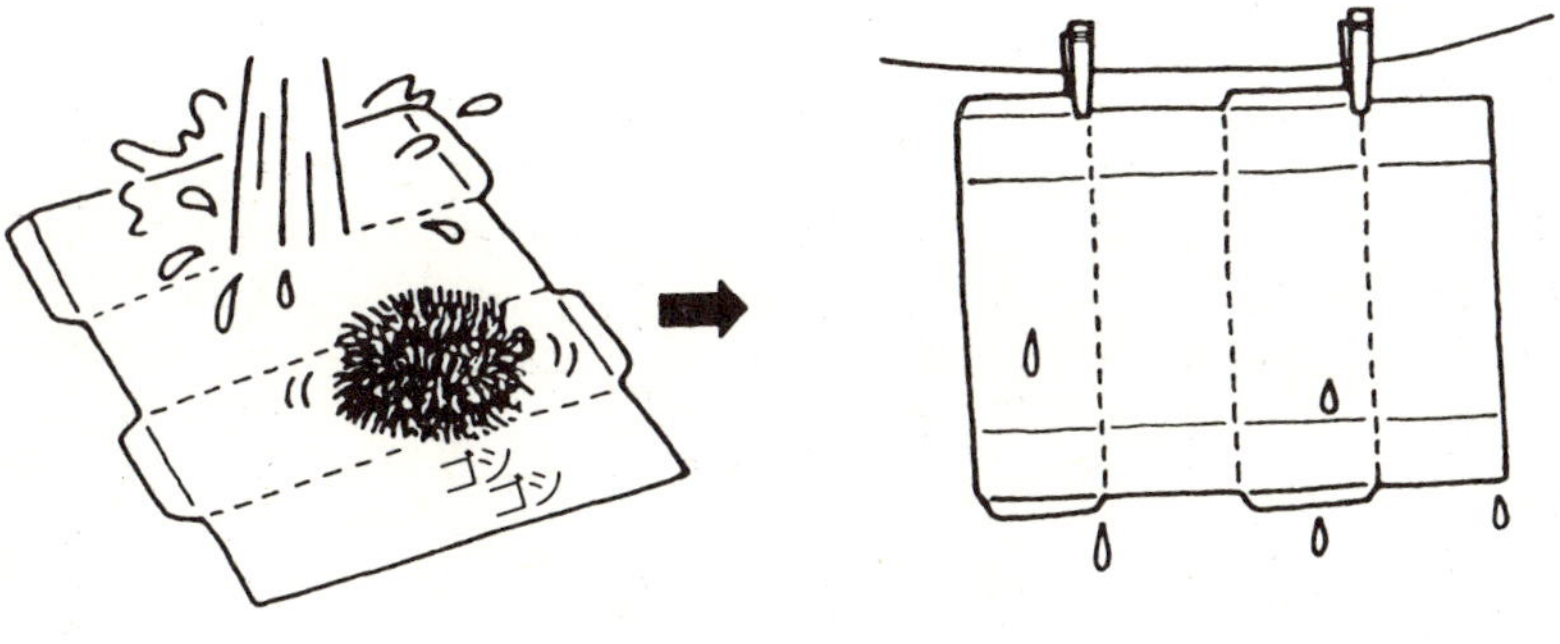
ゴシ
ゴシ

そして、子供たちは次のような感想文を書いた。

一年生児童＝これからは、すてないようにするんだ。トイレットペーパにもなるし、ノートにもできるからリサイクルがいいんだなぁ。

二年生児童＝私は牛乳パックがトイレットペーパになることはしりませんでした。うちではすてています。だから今度からはやってみようと思います。

三年生児童＝今日の話を聞いて、これから家でも牛乳パックを捨てずにとっておき、リサイクルをしようと思います。

四年生児童＝僕は牛乳パックがトイレットペーパになるなんて、初めてしりました。だから牛乳パックを集めます。

五年生児童＝牛乳パックなどを集めてリサイクルすると、とてもいいことだなと思った。これから自分の家で、牛乳パックだけでなく、ほかのものでも工夫して使ってほしいと思った。

六年生児童＝これからは牛乳パックだけでなく、他の物もリサイクルを進めたい。その他にも、何か買うときには必要な物を買い、それをきちんと最後まで使うようにしたい。

次にメダカについてだが、メダカの育成を学習しながら、子供たちの身近な場所にメダカが生息しているかどうかをフィールドに出て調査を試みる。

子供たちの身近な場所からメダカが消え去っている現在、なぜメダカが消えていったのか原因を追求する。

さらに、メダカが生息できる環境はどんな環境かを考え、実際にメダカが生息できる環境を子供たちで考え、みんなで作る。

このように、学校現場では自然教育は様々に広げていくことができる。この学習を展開していく過程で、命の尊さや、豊かな心、他者への思いやりなどを課題として持たせながら、子供たちと一緒に考える。特に自然環境とのかかわりを大切にし、フイールドワークを丹念に行う。

② 一般の場合

●自然とのかかわりを求めて

一般の場合、自然教育が行われているのは市町村単位やサークルで、「野鳥観察」、「水生生物」、「巨木めぐり」、また「シーウォッチング」、「リバーウォッチング」などが盛んに行われている。このような会に家族で自由に参加してみるのも良いだろう。

自然が大好きで、また、自然環境について知識の豊富な方々が多い。

そこでは、様々な情報が得られるであろう。また、多くの方々とも知り合いにもなれる。

●サークルを作る

どこかの自然探索の会に出た時、同じ考え方や同じ趣味を持っている方々と出会う。この方々とサークルを作ることをすすめたい。

同じ思いで結びついていると、同じように意識を高めていける。

みんなが集まれる時に集まって、観察会を行う。

●地域社会との連携

どこが核になって推進してもよいが、このような自然教育の推進は、学校がコアとなって、PTA、地域住民と連携し推進するとよい。

つまり、一緒に年間行事計画を立案し行事を開催する。コアとなっている学校は事務局となり、大変であろうが、みんなが楽しんでくれると考えればやりがいのある活動となる。

私はこれまで、このような方法で会を作り運営してきた。

ＰＴＡの方々や地域社会の方々を巻き込み、子供たちの育成を共に支えてもらった。

内田の環境を守る会や京葉の環境を守る会の方々とはいまだに交流があり、当時、活動したことの思い出を振り返りながら、これから何を目指していけばよいか、みんなで語り合うことが多い。

自然教育は、いつからでも、だれでも、だれとでも始められる。お金もかからない。そして、多くの大切な心の財産を蓄えることができる。

三 農業体験から学ぶこと

私たちが生きていられるのは、食物を摂取しているからに他ならない。この食物は自然環境の中で成長し、花が咲き、昆虫やあるいは人工的に受粉され、実をつけ、それを人間が食しているのである。

わが国では、古来より稲作が盛んに行われてきた。私たちが米飯を食することができるのは、現在に至るまで古来の稲作方法が受け継がれてきているからである。しかし、最近は様々な要因によって、農業を営む方々が減少してきた。

谷津田を散策していると、いくつもの荒れ果てた休耕田を見かける。また、谷津田で出会うのはお年寄りの

谷津田での米作り

荒れ果てた水田

方々が多い。そのお年寄りの方々の話しを聞くと、稲作がいつまでできるか不安である、という意味合いのことを述べていた。若い人の多くは、都会に生活の拠点を移してしまうらしい。

農業が大変なことはよくわかる。しかし、自然教育の中で大変大きな意味合いを持つのも農業である。つまり、植物を植えて、育て、食するというこのプロセスは、子供たちの教育には欠かせない要素があるからである。

(一) 植物を植える楽しさを教える

昨今、ガーディニングという言葉がさかんに使われ、各家庭の庭を彩っている。草花を育て、その花をみて楽しむということであろう。とてもよい傾向だと思う。植物を植える楽しさは、どんな花や実をつけるのだろうか、この植物をどこに植えたら華やかになり、皆を楽しませることになるのだろうかなどと、実に楽しくなってくるようだ。

しかし、農業と園芸を比較してはいけないが、植えて育てるプロセスは一緒である。そこで、子供たちにこの植える楽しさを体得させるのである。

植える楽しさは、このプロセスの最後に食することや見事な花をつけることを想起することができるからである。どんな種子を選び、どんな方法で育てていくのか子供たちと計画をして、植える楽しさを体験する。家族みんなで計画し、今年はここに植えようとか、この場所にしようなどと考えるだけでも楽しいものである。

花であれば、最後に種が収穫できる。その種を一部は来年に植えるために保存しておき、一部は野鳥の餌として活用する。庭に餌台を設置し冬の野鳥の餌とするのである。

内田小学校で教わったことがある。

実った柿は、全部、人間の物としないで、
必ず残しておく

これは、自然教育には欠かせない言葉である。鳥などが食べられるように、いくつか残しておくことで、多くの他の生物への思いやりを教えるようにしている。

(二) 育てる楽しさを体験する

植物を植える、育てる、収穫する、食するプロセスで、一番大切な部分は育てることだと思う。ここの部分が欠けると、ここでの教育ができなくなってしまう。

しかし、ここが一番欠如するところでもある。

ここでの楽しさを体得しない限り、本当の意味での植物に対する愛着は生まれてこないだろう。

植えっぱなし、やりっぱなし、

サツマイモの植え付け

そこからは何もうまれてこない

子供たちの手で草取りや水やりを欠かさず行い、肥料も施し、真剣に取り組ませた時、その植物に対しての愛着が生まれる。そして、そのプロセスを通して植物に対しての慈しみの心が育つのだと思う。

だからこそ、収穫が楽しいのである。そして、収穫したものを食する時も、決して無駄な食べ方はしないと思う。また、食べて美味しいという実感が、次はもっと工夫して育ててみようなど、そこに向上心も生まれるのである。

植物を植えただけでは、立派に成長することはない。立派に成長させるための世話が欠如した時、植物も人の心も育っていかないのである。

自分が植えた植物の世話をする

収穫した大豆で豆腐づくりに挑戦

この世話をする行為こそが「豊かな心の育成」に役立つのである。

Column

私が大学生の時、帰省すると待っていたのは、田んぼの草取りであった。暑い八月の日差しは容赦なく照りつけ、私と兄を苦しめた。

私と兄は、何度となく父に「雑草をとる薬をまいてくれ」と言い続けた。当時、田んぼの雑草を枯らす薬を多くの農家が使用していた。

しかし、父は断固としてその薬を使わなかった。私たちは仕方なく、毎日、毎日草を取り続けた。

それから今、この年になってわかった。なぜ父が雑草を枯らす薬を使わなかったのか。

農薬は害虫を駆除し、きれいな食物を作る。野菜も一片の虫の食い跡がないほどきれいである。

父は、そのことを知っていた。

改めて、父の偉大さに気づくのである。

(三) 食することの楽しさ

食することは自然と楽しさを醸し出す。

一人で食するよりもみんなで食することが、さらに楽しさを育む。

しかも、自分たちが育てた作物である。楽しさが倍増する。また、自分が育てた作物は、他の人にも食してもらいたいと考えるようになる。

そこにも、他の人に対して思いやりも育っていくのである。

農家のおばあさんと話をしていると、必ず自分で作られた作物を分けてくれる。いつもありがたく受ける。それは、おばあさんの思いやりだと思うからである。

それは、苦労して作ったのにもかかわらず、自分が作ったものを食してほしいという気持ちはだれにでもはたらく。そこにはきっと、食する人たちの喜ぶ顔が見たいと思う気持ちがはたらくのだろう。

おばあさんは、決して植えっぱなしでできた作物を進

収穫したものを食する楽しさ

めるようなことはしない。毎日一生懸命世話をして、丹精こめた物だけを分けてくれる。他の方々に食してもらうものは、決していい加減な気持ちで作ったものではない。

四 自然の大切さを知る

(一) 自然環境を見直す

自然教育の大切さについては異論はないであろう。また、そのことを推進していくことについても同様であろう。しかし、その中で自然教育が大切にされてきたであろうか。勿論、国や都道府県レベルでも大きく取り上げられ、その大切さについては、様々な方面で叫ばれてきたし、実践も行われつつある。

しかし、現実にはどうであろうか。もしも、自然教育が大切にされてきているのであれば、各方面で話題になっている「不法投棄」の問題や各種の環境問題について、しっかりとした対策がとられてきているはずである。しかし、一向に減らない「不法投棄」の課題をみても、自然環境への負荷をかけ続けてきているではないか。

自然学習を行うのに、ゴミを振り分けながら観察するわけにはいかない。それは、私がこの本の中で述べている、「自然の中での感動体験」に深く関連するからである。

本当に自然教育を大切にしていこうとするならば、その基ととなる、自然環境の保護・保全に全力を尽くさなければならない。

このことは、国民全員が思考し、本気になって取り組まなければならない課題である。だれかがやってくれるだろうでは、何も解決されないことを思い知らされてきた。

(二) 今、私たちにできること

今、私たちにできることということよりも、今、私にできることとして考えてみたい。

私はしがない一教員である。しかし、自然が大好きである。

自然の中で過ごすことを何よりの喜びとしている。

私は、小さな取り組みからでも良いと考えている。小さな取り組みから出発し、少しずつその取り組みを大きくしていけば良いのだと思う。自然教育に関するどんなイベントでもよい、参加してみることである。また、身近な場所をフィールドワークして気がついたことから始めてみることである。

私が、もしも内田小学校へ赴任しなかったら、私の自然教育への関心や実践も生まれなかったのかもしれない。また、この本の執筆もなかったかもしれない。そして、これ等のことは、偶然がもたらしたのかもしれない。

しかし、私の心の奥底には、幼いころに自然に深く接したことが潜在的に眠っていたことは確かである。そのことが、内田小学校へ赴任したことで、呼び起こされたのである。

過日、平成一三年一月に「内田の環境を守る会」から、年間の反省会を実施するからきてほしいと依頼された。内田小学校を出て七年が経過する。しかし、毎年、このようにして招待を受け、とてもうれしく思っている。招待されることもうれしいのだが、「内田の環境を守る会」が存続していることの方が、もっとうれしいのである。皆さんの努力が忍ばれる。

だから、この地域に一歩踏み入ると、ひときわ美しいと感じるのである。これは、内田学区の方々の自然環境に対する保護・保全の意識とバックでそれを支える「内田の環境を守る会」があるからである。

前任校の京葉小学校区にも組織として「京葉の環境を守る会」がある。昨年、平成一二年一二月に、「京葉の環境を守る会」からも野鳥観察を行うので講師できてほしいと依頼があった。これもうれしかった。

これまで、内田小学校区、京葉小学校区に自然環境を保護・保全していく組織を立ち上げることができた。そして、この組織が現在も存続し、自然環境の保護・保全に関する取り組む実践を推進していること事態、とてもうれしく思うのである。そして、感謝しているのである。

私個人の力は微々たるものである。無いに等しいと言っても良い。しかし、組織を立ち上げ、実践する中で多くの方々が、自然環境に目を向けられた。

学区内にもたくさんの野鳥がいるという事実を認識するとともに、自然保護についてこれからの課題、問題点をもっと自分のこととして受けとめなければいけないと思った。

> 普段、家の中だけで遊んでいる子供たちに身近な所で自然環境の大切さを体験させることは良いことだと思います。教室の中だけで学ぶだけでなく、学校でももっと野外へ出て、人の心、自然を学ばせたいと考えます。一番に命の尊さを……

私は、フィールドへ出て講師をつとめたり、主催者であったりする時、必ず参加された方々に感想文を書いてもらうことにしている。

・どのくらい自然環境を認識しくれたか
・どのような疑問や課題をもったか
・自身が感動したことや子供たちの育成と自然教育などについて

その理由は、観察会に参加しての感想を書いてもらうことにより、みんなで感動を共有すると同時に、これからの課題も一緒に考えていきたいからである。

私の一つの利点を上げるとしたら、私が教員で、保護者や地域社会の方々と接する機会が多くあるということである。その中で、多くの協力を依頼することができるということである。

これまで、子供たちの育成にとって、いかに自然教育が大切かということについても話してきた。その中で、学校と家庭・地域社会が連携して、いくつかの事業を行うことができた。この事業を通して、子供たちや保護者の方、地域社会の方々が変化していく様子がよく分かった。

私ができることは、各学校で自然環境の保護・保全を目的とした、このような組織を立ち上げ、活動を展開していくことにある。自然環境が良くなれば、その中で子供たちにいくつもの感動を味わわせることができる。

現在の牛久小学校では、学校長をはじめとして多くの方々の意見を寄せてもらい、「ビオトープ設置委員会」を立ち上げることができた。まだ始まったばかりであるが、多くの方々が参加できるよう活動を展開している。

（三）大人が手本になろう

私の前を走る車から、タバコの吸い殻や弁当を入れたビニール袋、ジュースの空き缶などが次々と投げられる現場を目の当たりにしてきた。

また、新聞報道などでも、大人の目に余る行為を子供たちが逆に指摘している内容も目にしてきた。このような行為を子供たちは普段目にしているのである。

子供が育たなければ、この国は成り立っていかないのである。

私たちが幼い時、周りの多くの大人からいろいろなことを教えられ、学んでもきた。その大人の行動を見る中で、毎日の生活があった。子供たちは、よく大人の行動を見ている。結果として、良きにつけ悪しきにつけ、その真似をするのである。

私たちは自然の中で生かされ、生活しているのである。大人が、本気になって、次世代に残す自然環境のことを考えなくてはならない。背景には、いつも子供たちがいることを認識しよう。

―次世代へのプレゼント―

つゆ空の小谷部橋には、家族連れや友達と連れだって集まった総勢八〇人余りが集合。

手に手に大きなゴミ袋をさげ、川に下りる。子どもだちのはしゃぐ声、お母さんたちのはずむおしゃべり。橋周辺はたちまちきれいになった。今日の空とは打って変わって清々しい気分だ。

スタート地点には、大小さまざまな笹が用意されている。『ささ舟大会』の開始である。

雨上がりで水嵩を増している。流れも微妙に変化している。どんなささ船が沈没しないでゴールまで辿り着けるか。大型がよいか、それとも小型か。創る技術と知恵を駆使して望まなければならない。

大きくて頑丈なささ舟を作る子、ミニささ舟で挑む子。試作しては浮かべ、何度となく試行錯誤をくり返しながら、我こそはと闘志を燃やしている。子どもたちの目の輝きが眩しい。この体験が次のステップのエネルギーにつながっていくのであろう。

私もお母さんたちと一緒に加わった。和やかな中にも緊張の一瞬がある。大歓声と落胆の声が交錯する。会場は大いに湧いた。子どもたちの嬉々とした顔、童心に返って一時を楽しむ大人たち。

この催しの企画をした『内田の環境を守る会』の方々の意図は、子どもたちをごく自然なかたちで窮地に追い込み、創造性や判断力を引き出そうとしたのだろう。これこそが、今求められている新しい学力だ。

教育の現場を預かるプロの教師として「やられた」という思いを強くした。

今、学生の理科離れが問題になっている。先日、高校の理科の先生とある会合で同席した。進学校と言われている高校でも、理数科系を選択する生徒が一クラスに満たないのが現状だと話しておられた。更に、実験データをまとめたり計算したりすることを億劫がる。中には、数学、理科と聞いただけで拒否反応を示す者もいると話を続けた。初等教育で仕事をしている私どもにとって見逃すことのできない情報であった。

小さい時から自然と友達になり、野山の草木や花、昆虫等と関わりながら、感性を磨く場をたくさん積むことが、理科離れをストップさせる手立てになるであろう。

内田小には、既に『理科博士』『昆虫博士』のニックネームをもらっている子どももおり、理科離れとは縁遠い。

学校と家庭・地域社会とが互いに手を携えて企画している種々の催しは、①懸命に頑張る親の姿を示している。②自分たちの子どもの頃の体験を子どもたちに伝援する。③子どもは『社会の宝物』という意識をもっている。

体験を通して探求する心、挑む心、情熱をもって子どもらしく表現し、生きて働く力を培って欲しいという願いがこめられている。

これは、とりもなおさず、次世代への何ものにも替え難いプレゼントである。

（元内田小学校校長　高橋智枝子）

自然教育の実践

一 幼いころの感動が活かされる

最初の章で私の幼いころの体験をいくつか述べた。

私が育ったプロセスの中で、幼いころ体験した感動がいつも蘇って、私の生活が充実していたかと問われれば、そのようなことはなかった。それが、内田小学校で自然教育と真っ向から取り組んだ活動を展開している中で、その感動体験と共に蘇ってきたのである。

しかし、よくよく考えてみると、これまでの生活の中で折々に幼いころの感動体験が生かされてきたなと思う。

一番そのことを感じたのは大学生のころであった。故郷の山や川、山道などをいつも思い浮かべては、故郷への思いをはせていた。

幼いころの感動体験は、どんな時に蘇って生活の中に生かされるのかを考えると次のようになった。

・幼いころから過ごした故郷から離れた時
・仕事で疲れた時
・季節の変わり目
・故郷と同じような風景のある場所を訪れた時
・子育ての中で
・子供たちの教育の中で
・幼いころと同じような体験をした時

幼いころの感動体験は、わが家の子供たちを育てていく中でも活かされた。

私が幼いころ、海に行ってはよく潜ったことがある。そこで、子供にも経験させようと、長男と一緒に何回も潜ってみた。

海の中では、海タナゴの大群に遭遇したり、大きなシマダイに出会ったり、大いに感動したようだった。私の幼いころの感動体験を子供にも伝える絶好の機会となった。その後もこの感動を味わいたく、何度も海に行っては潜っていたようだ。

このように、わが家でも幼い時期に幾度となく自然の中に連れ出して、感動体験を共有するようにしてきた。

私がクラス担任をしていた時、「学級通信」を毎日発行していが、B四判用紙の右半分に私の幼いころの感動体験を毎日書いていた。そして、卒業の日に冊子にして生徒に持たせていた。

その後、卒業生の男の子が大学を受験する時、母親に次のように言ったそうである。

「お母さん、俺は山口県の大学を受験するよ」と、母親は心配して、

「何も山口県の方へいかなくても、千葉県にはいくつも大学があるよ」

しかし、その子は聞かなかったそうである。

後日、母親から聞いた話では、小学校六年生の時の「学級通信」が原因とのことであった。小学校を卒業して六年も経過しているのである。その間、その子供の心の中では、私が書いた感動体験が息づいていたようだ。

その後、本人が私を尋ねてきたのは、大学一年の夏休みであった。

「先生、山口県はやっぱりいいですね」と出会った途端にその子は言った。そして、次のようにも言った。

「先生、たくさん経験しましたよ」と続けた。

その時の生き生きしていた顔は、いまでも鮮明に焼き付いている。

現在は、高校の教員として活躍している。きっと生徒に感動体験を語っているにちがいない。そう思うとうれしくなる。

その教え子から、次のような書簡をもらった。私には過ぎるような内容であった。

拝啓　お久しぶりです。今回、先生の著書が刊行されることをお伺いいたしました。おめでとうございます。
私はもちろん、当時先生にご指導いただいた植松や古宮も先生のご活躍を自分のこと以上に喜んでいます。私も今年で三十路を迎え、教師として八年目になります。

今年は、新しい学校に赴任したばかりなので、何かと忙しく仕事に追われる日々を過ごしています。月日の流れるのは早いもので、私は若葉小学校を卒業して一八年が過ぎようとしています。小学校六年の時に先生のクラスに転入し、一年間ご指導いただきました。先生が担任をされていた六年一組は、五年先生からの持ち上がりクラスでした。途中から転入してきた上、個性の強かった私をクラスになじませようと先生も苦労されたのではないでしょうか。

私自身も最初はクラスに慣れるまで大変でした。よく友達と喧嘩をして先生を困らせましたね。しかし、三学期には学級委員長に推薦してもらえるぐらいクラスのみんなと仲良くなることができました。

また、現在でもあのころの仲間とは連絡をとっていて、年に何度か酒を一緒に飲みます。先生もご存知の植松や古宮です。彼らとは中学校で同じテニス部に所属していたこともありますが、当時の六年一組のことがよく話題になります。特に話題になるのが「つばさ」、「ロングラン」です。この二つの学級通信は不安定な早春期の我々の考えを良い方向に導いてくれた気がします。

先生の故郷、山口を舞台にご自身の体験談を語っていただきました。我々は、子供ながらに、人の優しさや思いやりの大切さに感動したのを覚えています。

私なども先生の故郷である山口県に憧れ、山口の大学に進学してしまいました。維新の地である山口県は、先生のお話の通り、歴史と伝統のある人情の深い素晴らしいところでした。その地で私が教職の道を志すことになったのも運命的なものを感じます。

過渡期と言われる現在の学校教育の中で、私も毎日が試行錯誤の繰り返しです。子供たちをとりまく環境の変化がそうさせるのだと思いますが、子供たちの意識や気持ちが年々変化しているような気がします。

また、私自身、生徒との年齢差が徐々に開いていくことにより、彼らの気持ちを把握しずらくなっていることも事実です。

しかし私は、どんなに生徒が変わっても、我々教師の真剣さ、一生懸命な生徒に対する気持ちは必ず彼らに伝わると信じています。

「常に生徒の気持ちを理解しようと努力し、時には厳しく、時には優しく思いやりの気持ちで生徒に接することが大切である」と、私は考えています。豊島先生が私たちを指導してくださったように。

最後になりますが、先生は私にとってお世話になった先生ですが、同時に私の目標でもあります。失礼かもしれませんが、いつの日にか豊島先生以上の教師になれるよう、日々努力していきたいと思います。

これからもご指導、ご鞭撻よろしくお願いします。

敬具

平成一三年五月

岩井　徹

彼はこの書簡の中で次のように述べる。

子供ながらに、人の優しさや思いやりの大切さに感動した。

私は彼らに、私が育ったところの自然や感動体験を、学級通信に物語り風に記述した。そのことで、何か感じとってくれればよいと思っていた。

内田小学校で、教務主任の斎藤さんと一緒に、どのようにしたら子供たちに感動体験を味わわせ、自然環境の認識を子供たちや保護者、地域住民の方々に伝えることができるか、何度も話し合ったものだった。

こうした活動をする中で、幼いころに感動体験を味わったことが前述の卒業生のように、様々な形で活かされてきたのである。

二　内田小学校での実践

平成四年、初めての教頭職として赴任したのが内田小学校である。新米教頭でもあり、仕事の上で悩むことも多かった。

内田小学校は市原市のほぼ中央に位置し、比較的に自然環境が良い学校でる。学校の周囲は、丘陵に囲まれ、杉林やスダジイ、コナラ、ミズナラの樹木におおわれていた。また、水田や畑が近くにあり、のどかな自然環境であった。さらに、地域の方々は人情味に厚く、みんな何事にも協力的な方ばかりであった。

このような素晴らしい自然環境の中で居住していると、周囲の自然環境が徐々に悪化していることに気がつかないで過ごしている場合が多い。事実、内田小学校の児童も保護者も地域社会の方々も自然環境への認識が十分ではなかった。それは、実態調査の結果からもうかがい知ることができた。

環境学会での発表・内田小学校

五月一四日（日）に千葉県立中央博物館において、第六回日本環境学会が開催された。全国から多くの参会者があり、内田小学校の取り組みと地域社会の取り組みを発表することになった。以下、発表の概要を紹介する。

内田小学校は比較的自然環境に恵まれている地域にある。自然環境に恵まれているからこそ現在の子供たちへ託す多くのことがある。素晴らしい地域を保全・保護していく心を培うには、学校教育だけでは限界がある。学校と家庭・地域社会が連携し、リンクした教育活動を実践していかなければならない。そこで、学校での環境学習を家庭・地域社会と連携して行うことを検討した。

キーワード＝自然環境、保全・保護、学校、家庭、地域社会、連携

一、学校と家庭・地域社会の現状と認識

比較的自然環境に恵まれた地域に居住していると、子供たち、保護者、地域の方々もその中に埋没してしまっている。自然環境の素晴らしさや自然環境が年々悪化している事実を見逃すことが多い。この事実を認識することから取り組みを始めた。

事実の認識は、地域を知ることである。環境学習も地域素材をどのように加工し、教材化していくかに視点をしぼり、各学年とも地域教材を閣発した。

二、地域教材の開発

自然環境に恵まれた内田小学区には、肥沃な土地に点在する植物、野鳥や昆虫、学校のすぐそばを流れる内田川、年間を通して観察できる野鳥等に限定し、名教科領域等に関連づげながら次のように単元を構成した。

一学年・二学年「野菜いっぱいになぁれ」
三学年「内田の虫たんけん」
四学年「内田の野鳥と仲良くなろう」
五学年「内田川に魚をはなそう」
六学年「わたしたちの内田川」

三、学校と家庭、地域社会との連携

内田小学校が環境教育に取り組み始める時点において、次のようなことを職員で話し合った。

「環境教育は学校だけでは成立しにくい」それは、子供たちの実践する場が学校という小さな枠の中だけに終始しがちで、発展性がなくなるからである。学校で学んだ経験は家庭で生きて働き、相乗作用を起し、やがて地域社会で機能する。つまり環境を保全・保護するための多くの取り組みが家庭や地域社会に豊富に見られるからである。

ＰＴＡの組織の中に環境委員会を設置していただいた。その年間活動計画は学校の環境学習とリンクした計画である。学校で学習したことを家庭や地域社会の中で活動することで、実践したことを活かすことかできるのである。

学校と家庭・地域社会が連携して進める環境教育／内田小学校著、明治図書、一九九五

内田の環境を守る会発表・内田の環境を守る会　征矢繁義

概要＝地元の内田小学校が千葉県環境部より「環境学習モデル指定校」を受け、取り組みを始めた環境教育を地域も応援する形で活動した。この活動を通して、地元の自然環境の急速な荒廃化に対し、地域の方々の多くは自然環境、社会環境の認識に乏しい現状がわかった。このことから、学校をコアとする取り組を側面からバックアップするとともに、学校と家庭・地域全体が連携することの大切さ、地域社会としての役割を模索した。

キーワード＝学校・地域社会、自然環境、保全・保護、連携

一、内田の環境を守る会の年間活動計画

内田小学校が環境学習に取り組み、ＰＴＡ組織内に環境委員会が設置された。学習成果の実践と充実との観点から地域の方々にも呼びかけがあり、積極杓に参加してきた。地域全体との連携に至るスムーズなアプローチとともに、多くの方々の自主的な幅広い活動をテーマに、年間活動計画を下記のように

立案した。

七月一〇日（日）「水生生物と友だちになろう」内田川の観察と清掃作業
一〇月二九日（土）「ごんべぇさんの菜種まき」春の菜の花まつりを楽しもう
一一月一三日（日）「おむすび遠足」への協賛、内田の探索と再発見（野鳥、植物、昆虫）
一一月二六日（土）「内田の里の落ち葉ひろい」春にむけての花壇の手入れと清掃
三月二一日（火）「活動報告および情報交換会」

二、学校と家庭、地域社会がリンクした活動

内田の環境を守る会は地域に根ざした足元からの活動を試みている。学校をコアとした環境教育に全面的に協力し、率先して地域の方々へ実践活動の機会を提供しながら、幅広い活動へと展開しようとするものである。何故ならば、活動の効果を得るには、地域ぐるみの息の長い活動が必須条件であるとともに、活動の場となる地域社会のコンセンサスに大きく左右される現状があるからだ。

内田地区の自然環境と社会環境を認識し、保全・保護していく活動を推進していこうとするなかで、次世代を生きる地域の子供たちの健全な環境意識の養成が最も重要な課題である。大人として、地域の一員として環境教育のコンセンサスの高揚を図り、子供たちにもわかる生き生きとした環境活動の継続こそが、地域社会しか担えない役割である。

学校をコアとして家庭・地域社会が一体となり、新たな自然環境、社会環境の保全保護活動への試み

をさらに活発化し、親から子供、孫へと伝承できる活動を永続させたい。

この学校が、平成五年度に千葉県より「環境学習モデル指定校」を受けた。受けたというより、候補として名乗り出たのである。それは、当時、内田小学校として子供たちを育成する上で、何をテーマとして取り組むかと模索していた矢先でもあった。

この時、私の心を動かしたのは、幼いころ自然環境の中で体験した感動体験であった。そこで、学校長の指示を仰ぎ、「環境学習モデル指定校」として名乗り出ることになった。

こうして決定した「環境学習モデル指定校」であった。しかし、いざ取り組む段階で、職員の中でだれ一人として経験者がいないことが判明した。お互い知識としては、マスコミの報道や教科の中で扱った程度であった。

（一）教材の検討

一年間の指定である。気持ちが焦った。

まずはフィールドに出てみようとなった。

結果として、これが正解であった。この時から、環境教育は「フィールドに始まり、フィールドに終わる」ということに確信が持てた。

学区をくまなくフィールドワークした結果、「もっと身近なところに視点を絞ろう！」という意見が出され、内田の自然環境を活かす手立てを考えることになった。

そして始めたのが、学校の周囲には何があるかをフィールドワークを通してひとつ一つ掘り起こして検証することであった。

こうして導き出されたのが、「植物」・「樹木」・「昆虫」・「水環境」・「水生生物」・「昆虫」・「野鳥」などのカテゴリー別の教材化への絞り込みである。

（二）中間発表

ああでもない、こうでもないと考えを巡らせながら、日々の実践に取り組んでいた。しかし、手探りな状態で始めただけに、お互いにどのように進んでいるのか見えてこない。一抹の不安がよぎった。

そのときの職員が当時を振り返り、述べた手記である。

> 内田小と聞けば環境学習。環境学習といえば内田小と言われるほど、環境と地域が密着しているところだと思います。今で言う、まさしく総合学習の先端をいっていたのが、内田小ではなかったでしょうか。はじめは、何をどう取り組んでよいのかわからず、「そんなのできない。無理だよ」などと言っていたものでしたが、「やってみようよ」、「やってみなきゃわからないよ」の説得で腰を上げた私でした。子供たちにみせる内田地区は、素晴らしいところ、さぁ、やってみようという意欲満々、自信たっぷりの顔でしたが、心は、この先どう進めたらよいのだろうか。
>
> 先が見えず、不安ばかりの日々でした。

私も不安であった。先生方はもっと不安だったと思う。しかし、実践する前から「できない」と、あきらめてほしくなかった。

そこで、反対されることを承知で学校長の許可をもらい、職員に中間発表をしないかと打診をした。まだ先が見えない状態の時期である。

「とんでもない!」と猛反対をされた。当然だと言えば当然である。

しかし、私としては「環境学習の進め方がわからないから、発表会を開くことで参加者の方々からも教えを乞いたい」の一念であった。しかし、そのことが十分理解されなかった。

それでも最後は、強引にお願いをした。職員も仕方なく承知をした。(そのように思った……)

この時の気持ちは、職員にすまない気持ちと、子供たちを育てていくひとつの手だてだから仕方ない、という気持ちが心の中で交錯した。

ともかく、初めてのことだらけなのだから、私をはじめ、「わからない」ことを「わかろう」とする努力を、みんながしなくてはならないと強く思ったのである。それが、子供たちにへ還元されていくことにもなると思えたからだった。

つまり、勇気を持って実践し、多くの方々へ私たちの実践を参観していただき、分からないことがあれば、教えを乞う気持ちを持つことだと思った。

結果的には、途中経過を発表するという目標が設定されたことにより各自の取り組みにも拍車がかかり、方向が明確になった。また、参加者からもいろいろな意見や指摘があり、大変参考になった。そして、実践をしていく過程で理論的な内容も構築されていった。何よりも、子供たち自体が変わってきたのが最大の成果であった。

その後は毎年、公開研究会の年次を重ねるまでに発展することになった。

そして、この公開研究会が発端となり、先生方は次々と変わっていった。

四年から六年生と地域の人たちの協力で行ったキャンプでは、生まれて初めて朝顔の開花を見ました。起床は午前三時。ゆっくり開いていく花をグループの子供たちは無言で見ていました。テレビではなく、実際に見た感動は決して忘れることはないと思います。

この感動こそがねらいであり、内田の自然の昼間と夜の比較は、多くの職員や子供たちに多くの感動体験を与えたことは事実である。

さらに、次のように言う。

教室を飛び出して、野に山に内田川にと出かけるたびに、子供たちの目は生き生きとしていました。私にしてもずっと自然に囲まれて生活してきたのに、いざ真っ正面から自然に向き合うと、知らないことばかり…… それらは、子供たちも同じで、発見と驚きの連続でした。
環境学習は、地域の素晴らしさを教えてくれました。
内田で環境学習に出会わなかったら、私は多くの楽しみを知らずに過ぎ去ってしまったと思います。

環境学習に取り組む中で、教師も子供たちもぐんぐん力を付けることとなった。

それは、教師が様々な教材の工夫をしては、子供たちを自然の中へ連れ出す実践を積み重ねていくようになったからである。つまり、フィールドからフィールドへの実践である。

「環境の良いところから環境教育を」、これが内田小の環境教育の出発点です。豊かな自然に恵まれて生活しながら、それが当たり前で、その素晴らしさやそれに気づかない……

まさに私は、その一人でした。

子供たちと環境学習をすることを通して、身近に生きる植物や虫や鳥などのたくさんの命に気づきました。

そして、自然の中での体験活動は、右記の先生が述べるように発見と驚きの連続であった。このことは、自然の中だからこそ味わうことができるものであった。

参観者が見守る中、フィールドでの授業

次に、各学年ごとの具体的な取り組みの様子を、例として一学年の単元目標、年間の指導計画から紹介してみる。

◇低学年一・二年の取り組みから

一・二学年ともフィールドが主体になる。

両学年とも、何げなく通り過ぎていく自然環境を子供に気づかせようとした取り組みである。

一学年は、四季（春・夏・秋・冬）の『野原』とかかわりを持たせ、遊びを通して、自然と一体となる取り組みを展開しようとしている。その媒体としてネイチャーゲーム（音さがし等）を取り入れ、子供に自然を身近なものとして扱おうとしている。その主なものが、ミクロハイクであったり、カルタづくりである。

ここで最大の目標は、一年の中で植物が変化することである。そのことを子供が明確に認識させることである。そのために四季の植物に触れさせ、植物の変化をわからせようとしている。

参観者が見守る中、教室でのまとめ

二年生は、『山』そのものに視点をあて、樹木や昆虫と触れあう実践をめざしている。そうした取り組みを行う中で、一学年と同様に四季の変化によって樹木や草花も変化することに気づかせようとしている。その中でネイチャーゲームを実施し、より自然を身近に感じさせ、自然と一体となる取り組みを目指している。

両学年とも、自然環境の中で発見的な学習を構成をしている。

低学年の環境教育は、自然環境の中で様々な活動や体験を通して、内発的な動機づけを育成していくことにある。ここでいう、内発的動機づけとは、自然環境に対して、『ふしぎだな』『おかしいな』『すごい』『どうしてだろう』という情意的な心情を言う。

環境教育のねらいである「豊かな感受性」の育成は、右記の一・二年生の内容を積み重ねていくことによって、身についていくのである。それには、次の観点が必要になる。

一、子供とフィールドワークをすること（休み時間等）
二、子供と一緒に考えたり、調べたりすること
三、子供に問うこと
四、観察記録を書かせる

◇三・四年の取り組みから

三学年は、『野山の草花や虫を調べよう』である。学校周辺の自然環境を題材とし、その中で生きている植物と昆虫の生きざまを四季を通して学ばせようとした実践である。ここでは、植物の全体像や昆虫の全体像を学ばせようとするのではなく、自然が四季折々に変化をみせ、その中で生きている植物、昆虫も様々に変化を見せる、このような植物、昆虫の生きざまを、活動や体験を通して知ることが大切な内容となる。当然、フィールドワークを通しての学習が主になる。

四学年は、学校の自然観察コースを利用して野鳥の学習する。この学区には、多数の野鳥が生息、飛来している。野鳥観察を通して自然環境の大切さと、野鳥に対するおもいやりを学ばせようとした取り組みである。

バードウォッチングを通して、野鳥をレンズを通して覗くことにより、野鳥に対するいつくしみの心情がわくのである。そのことが、野鳥を大切にし、保全・保護していく取り組みにつながる。

◇五・六年の取り組みから

五年生、六年生とも『内田川』をとりあげて学習を進めている。

五年生は、内田川の水生生物を調査し、水生生物の指標をもとに、自然環境を認識させようとしたものである。水生生物が内田川にすんでいる事実から、内田川を保全・保護することの必要性を学ばせる。そのことから、内田川の清掃へと発展していく。

また、授業者は子供たちに自然環境の保全・保護への取り組みを多面的に考えさせようとしている。

六年生は、昨年度『内田川』にかかわってきたことを基にした取り組みである。

昨年度学習したことを基に、家庭や地域の方々へ内田川の現状を『新聞』で知らせる。また、水質検査を実施し、内田川の現状を科学的に子供に分からせる。そのことから、内田川の清掃へと気持ちを向けさせる。調査したことや実際に内田川の現状を観察したことから家庭排水が『内田川』の汚染につながっている事実を、実際に実験を通して具体的にわからせようとした実践である。

私たちの生活の中で実践できることは何かを子供に考えさせ、内田川を通して、自然環境の保全・保護ができる子供の育成をねらったものである。

◇平成六年度内田小環境教育の単元の目標と年間指導計画（一学年の例）

一、単元名　「のはらをたんけんしよう」

二、単元の目標　野原にでかけて、ネイチャーゲームなどを通して自然に親しむことができる

三、単元の学習指導計画

時配	ねらい	主な学習活動と内容	指導・支援
三	○春の野原に出かけて草花と遊んだり、ゲームをして、春と仲良くなることができる	一、「はるとあそぼう」 ○活動内容と注意事項を確認する ○野外に出て、草花であそんだり飾りを作ったりする ○野原に寝転んで、自然の音探しをする ○「見つけたよ」カードに書く	○活動範囲を確認し、安全に関する注意をしっかりしておく ○草花は最低限、必要な物以外はむやみに摘まないことを約束しておく ○目を閉じて、自然の中に身をおくことでいろいろな音に気づかせる

時配	ねらい	主な学習活動と内容	指導・支援
三	○夏の野原で草花で遊んだりゲームをして、夏を楽しむことができる	二、「なつとあそぼう」 ○活動内容と注意事項を確認する ○夏の草花や実を使って遊ぶ ○虫めがねを持って野原へでかけ、ミクロハイクをする ○「見つけたよ」カードに書く	○教師の幼いころの遊びを紹介したりしてヒントを与える ○虫めがねの正しい使い方を教える ○ゲームを通して、いつもとは違った角度から自然を見つめ直せるように助言する
三	○秋の野原で遊んだりゲームをして秋の自然を味わうことができる	三、「あきとあそぼう」 ○活動内容と注意事項を確認する ○秋の野山で遊ぶ ○集めた木の実や葉を使ってゲームをする ○「見つけたよ」カードに書く	○野山や校庭での活動を通して、春や夏との違いに気づかせる ○自由な発想を大切に、のびのびと活動できるよう方向づける ○場にあった遊びを工夫させ、秋の自然にたっぷり浸らせる
三	○冬の野原にでかけ、季節の変化を感じとることができる	四、「ふゆとあそぼう」 ○活動内容と注意事項を確認する ○落ち葉を集めてその中で遊ぶ ○腐葉土を作る ○「見つけたよ」カードに書く	○山に入って落ち葉を集める方法を指示する ○集めた落ち葉の中で楽しく遊び、自然の良さがわかるような助言をする ○腐葉土の作り方を説明する
二	○今までの学習を振り返って、四季の様子を書き込んだカルタを作ることができる	五、「たんけんのまとめをしよう」 ○活動内容を知る ○今までの学習を振り返り、探検カルタを作る ○カルタを使ってゲームをする	○今まで書いたカードや写真から、振り返りができるよう助言する ○カルタの作り方を説明する ○グループごとにカルタをつくるように指示する

(三) 三位一体となった実践

内田小学校では、学校・家庭・地域社会とが連携して、三位一体となった実践に取り組むことになった。現在、様々な方面で学校と家庭・地域社会が連携することの重要性が叫ばれているが、ここではすでに八年前から実践していた。これは、家庭や地域の特性もあるが、共にそれぞれの立場で真剣に取り組んだ結果であった。

① なぜ三位一体の実践か

環境教育の実践は、学校での学習だけでは不十分であった。学校で学習したことが、家庭や地域社会の中で活かされたかといえば、そうではなかった。

例えば、学校でゴミのポイ捨てについての学習をしてみたが、大人は通学路でも平気でゴミを捨てる。子供たちがいくら通学路のゴミを拾っても大人がゴミを捨てていたのでは、折角学習しても活かされてこない。また、川の汚染についてに学習でも同様である。いくら、ひとり一人の自覚次第できれいな川を守ることができると教えても、各家庭で雑排水をそのまま流している実態を見れば、子供たちは信用するだろうか。

学校で学習したことが、各家庭や地域社会の中でも活かせるようにするには、学校と家庭地域社会が連携して進めるしかないだろう。

そこで先生方と協議して、学校での学習場面に家庭や地域社会の方々を学校へ招き、一緒に学習をする機会を提案してみた。その間、試行錯誤を繰り返し、PTA環境部の年間行事計画と「内田の環境を守る会」の年間行事計画の中に、子供たちも親と一緒に参加することになった。こうした実践をすることで、家庭や地域社会もかなり意識が変わり、ようやく学校で学習したことが活かされるようになった。つまり、学校での学習がさらに深まることになる。

学校で学習したことを実践力として身につけるには、左記の感想文にあるような取り組みをしていくことである。

『内田川SOS』（文集いちはら）より

五年　安藤芽美

教室で飼っているメダカがたまごを産みました。すきとおっていて、とても小さなたまごです。

ある理科の時間に、このたまごがかえって自分の力でえさが食べられるようになったら、内田川に放してあげようということになりました。しかし、大事に育てているメダカなので、放す川がどうなっているか心配でした。

そこで、川の様子を調べることにしました。

ふだん何気なく見ている内田川でしたが、調べてみるとおどろくことばかりです。わずか五〇〇メートルほどの所に、ビニールやカン、ビンがたくさん捨ててありました。

もっとおどろいたことに、洗濯機やガス台、自転車やテレビなども捨ててありました。車のタイヤは八本もありました。そればかりでなくかんじんな川の水は、家庭はい水でよごれ、くさいにおいでいっぱいでした。

みんなは、「きたない、くさい」

「すごいごみだなぁ。これじゃあメダカは放せないわ。メダカが死んじゃうよ」というばかりでした。

そこで私は、祖父に昔の内田川のことを聞いてみました。昔の川には、魚がたくさんいて、魚とりの時は、よくはだしで川の中に入ってつかまえたり、時にはそのまま泳いでしまったこともあるそうです。それだけ川がきれいだったんだなぁと思います。今は川で魚を見ようと思っても、なかなか、見ることができません。いるのはアメンボウばかりです。でもアメンボウがいるということは、川に油がういていないからなんだそうです。ですから、川にいる生物によってどれだけ川がよごれているかがわかるそうです。

メダカを放そうということから、川についていろいろなことがわかってきました。川にごみがたくさんあったこと、そのごみを捨てたのは、私たちであること。そしてそのごみによって、困っているのは、川にいる生物とごみを捨てた私たちだということです。

では、私たちにどんなことができるだろうかと話し合った結果、川のごみ拾いをすることになりました。私は、もえるごみの係になりました。おかしの袋やビニール、お弁当の箱などが拾てきれないほどありました。

他の人は、ビンやカンを集めました。われたビンもあったので気を付けて拾いました。

調べた川の半分もいかないうちに、大きなごみ袋は、みるみるうちにいっぱいになってしまいました。あまりのごみに情けなくなってしまいました。私たちの後に、六年生もごみ拾いに行きました。川全体にしてみると、拾ってきたごみはわずかでずが、少しでもきれいになればと思っています。

川のそうじを終えて、「内田川SOS」という地図を書きました。自然は生きていること、その自然を守るのは、私たちであることをもう一度考え直していこうと思います。

今ある自然は、次の世代を担う子供たち、また未来の子供たちから「預かった自然」であることを、大人たちは認識しなければならない戒めとして感じてほしい。

次の感想文は、親子で参加したときのものである。

―咲か爺さん・ゴミ清掃と花移植―

親子二人で参加しました。

今年初めてのことだったので何をするのかとても楽しみでした。

道路のゴミ拾いから始まって、草取りをして、最後に花を植えました。子供にとってとてもいい経験だったと思います。家に帰って子供とゴミのことについて話しました。

親子で参加する道路沿いの花の移植

体を動かし、汗をかき本当に楽しかったです。このような取り組みに参加させていただきありがとうございました。

「この花は何色だろうか」とか「今年咲けばいいなぁ」などと、想像しながらスコップを持っていました。

花の色、咲き並んだ姿を思い浮かべると、たのしくなります。

子供もやはり、同じように色とりどりの花を思い浮かべていたところをみると、「自然はいいなぁ」と思っているのではないでしょうか。


八年前の実践であるが、今、このような取り組みこそが大切なのではないだろうか。

③ 機関紙づくり

学校だよりとは別に、機関誌「環境ネットワーク」を発刊することになった。

発行の趣旨は次のようにした。

・学校での実践や願いを家庭や地域社会の方々へ投げかける。
・学校の実践に対して家庭や地域社会の方々はどう考えているのかを取り上げる。
・自然環境について、多くの方々の意見を掲載する。

この機関紙の役割は大きかった。

機関紙に投稿してもらうことにより、家庭や地域社会の方々の自然環境に対する考え方が、より明確になっていった。

この機関紙に寄せられたある保護者の原稿の一部を紹介する。

「環境教育ってなんだろう」この原稿を依頼された時、改めて自問したことである。

人間を取り巻く環境は、その人の成長と共に行動範囲が広がるにつれて、また、生活する社会構造が複雑になればなるほど、その人の思考や生活形態を左右する大きな要因だと思う。

環境教育とは、広い意味で、生涯個人が抱えていく諸問題にいかに対処するべきか、自ら答えを探し乗り越えていくための支えとなるものではないかと思う……

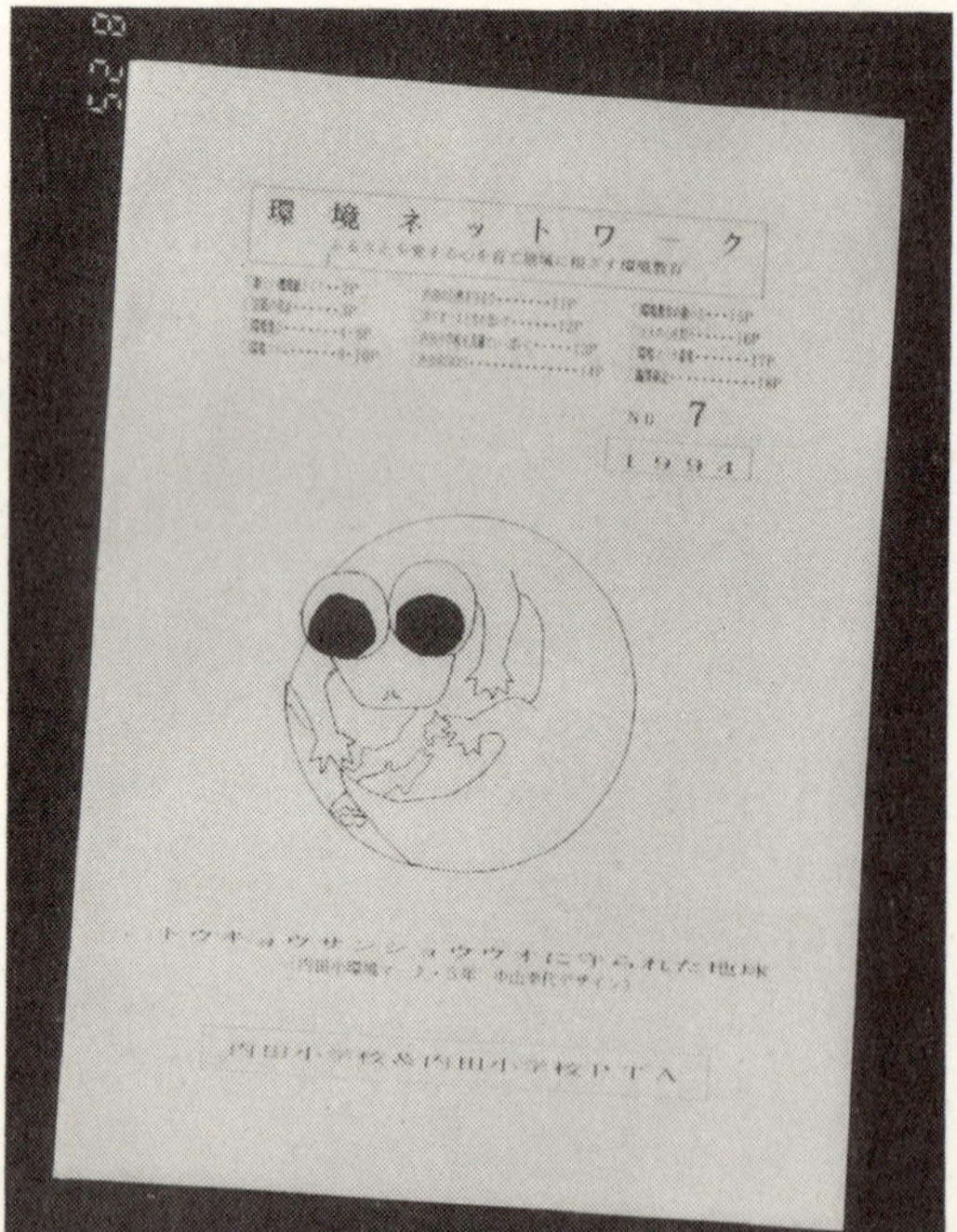

去年の秋のことですが、ウグイスラインの横の花壇から菊の株が数個持ち去られたのです。このことを知って、せっかく育てたのに持っていってしまうなんて……と嘆く人が多い中で、「花を持ち去ることは悪いことだけれども、美しいと感じて持っていくのだから、きっとどこかできれいに咲かせ周りの人たちを楽しませてくれると思います」
と言った人がいました。とても感動しました。

このように、機関紙「環境ネットワーク」を通して、自分たちの生活と共に、内田の自然環境を認識される人が多くなってきた。

⑥ 連携の手順

「連携することが大切だ」と多くの人が叫ぶ。しかし、果たして多くの学校が前述したような連携が図られているのであろうか。
口で言うほど簡単にはいかない。それは、地域性もあるだろうし、昨今は価値観の多様化もある。このような中で、どのように家庭や地域社会と連携していけばよいのか……多くの戸惑いが見られるのも現実である。

私はこれまで、内田小学校、京葉小学校の両校での教員として地域と連携をした活動をしてきた。しかし、そう簡単ではなかった。当初は、多くの戸惑いがあった。

そこで、いろいろ紆余曲折があったが、以下のような手順を踏んで取り組んでみた。

【第一段階】＝学校では、職員と連携について、具体的に話し合いを持つ。

・現在の子供たちの実態や状況について協議し、どうして連携が必要なのか、また、その手段について協議するとともに学校長の指示を受け、教頭、教務主任、研究主任が中心になり、具体的な方策について計画をする。

【第二段階】＝学校に保護者の代表や地域の代表（ＰＴＡ会長、副会長、総務、町会長の方々）に集まってもらい、連携の手順について話し合う。

・ここでは、学校側として校長、教頭が出席し、具体的に子供の実態や現在学校が抱えている諸問題について説明し、このように子供たちの育成を考えており、家庭や地域社会とこの部分で連携したい、という明確な内容について討議し協力依頼をする。

【第三段階】＝学校では、協議した内容について職員に説明し、連携を推進する。

【第四段階】＝ＰＴＡ委員会を開催し、これまでの経過を学校側とＰＴＡ側とが報告し、協議をする。また、町会長会議を開催して、これまでの経過を学校と町会長が報告し、協議をする。

・ＰＴＡ委員の方々が納得されるよう、資料もできるだけ具体的な内容を提示し、説明を加える。

【第五段階】＝ＰＴＡ総会を開催して、ＰＴＡ会員の方々へ提案し、了承を得る。このことを元に活動を展開していく。

・町会の総会を開催し、提案をして了承を得る。

(四) 子供たちへの自然教育

内田小学校での実践は、自然に対してどんなことにも挑戦してしていける雰囲気があった。内田の自然を地区ごとパックにして、活用したと言ってもよい。

学校の周囲の山々は、地域の方々の協力で子供たちが自由に出入りできるようにしてもらい、様々な活動が展開できた。また、学校の畑も保護者の方に借りて、一人一人の子供には余るほどであった。

ナイトハイクは最高だった。何が最高って、夜「クモ」は、獲物がくるのをまっているし、獲物をとるために、夕方から狩りの準備をしている。獲物が糸にかかるととんできて、獲物にとびかかるようです。獲物はかわいそうだけれど、すごかった。

私たちの班は、すごいものをみせてもらいました。それは、キノコの胞子です。キノコを懐中電灯の下で持って先生がかるくたたくと、細かい胞子がパラパラと出てきました。今度は自分でやりたいと思いました。

いつもはあまり見たことのない、山すその、清水が出ている所に懐中電灯を当てると、「カニ」がいました。だれかが「サワガニだよ」と教えてくれました。とってもきれいでした。ハサミがちゃんとついています。内田に住んでいると思うと、なんだか感激しました。

この感想文は、ナイトハイク（夜の観察会）の感想文である。

夏休みに入ったと同時に、学校の校庭にテントを張り、四年生以上の子供たち全員が宿泊学習を行う。その時のプログラムの一つである。

縦割りのグループごとにテーマを持って、フィールドでの学習をする。この時のプログラムを全職員で何時間もかけて検討した。

その結果、「内田の昼間と夜の自然環境について、フィールドワークを通して違いを認識させる」とした。

昼間の内田の自然環境をフィールドワークする

昼間はともかく、夜の学習が問題である。当然、職員だけでは対応できなくなる。

そこで、PTA環境委員会の方々や内田の環境を守る会の方々に協力を依頼し、子供たちとともにフィールドで学習をしてもらうことになった。

中でも、ナイトハイクは印象的で、子供たちは次々と感嘆の声を上げていた。

辺りは真っ暗である。懐中電灯の中にキノコの胞子が飛ぶ。

また、懐中電灯に照らされたサワガニの美しさは、川の底で見たアユの美しさと同じである。私が幼いころ、夜の川に潜ったことと同じ体験である。

内田の子供たちは、すごい！　との声を聞いたのは、何度かの研究公開の時であった。参観者の方の中に入って子供たちの学習ぶりを見ていた時であった。

次の感想文は、公開研究会の時のものである。北は岩手県から南は九州まで、多くの方々が参観にこられた。

子供たちのまとめ

あいにくの雨模様で「フィールドワークの子供たちはどうするのだろう」と心配しながら、朝、車を走らせてきました。少しは雨は残ったものの環境集会のころには晴れ間も見え、ほっと胸をなぜおろしました。本当に良かったですね。

四年生の子供たちとバードウォッチングを楽しみました。子供たちの知識の豊富なことに道すがら驚かされ続けました。学校のすぐ近くに変化に富んだ自然環境があることは大変羨ましく思いました。また、その恵まれた自然環境を積極的に守っていくための知識や態度を育てようとする内田小の取り組みを、授業に掲示にと様々な場面で見せていただきました。

何よりも素晴らしいと思ったのは、「地域と結びついた環境教育」という点です。このことは、体育館の掲示を通じて大変よくわかり、また、素晴らしいと思いました。

地域に根ざした環境教育が、子供の身体を通して感じ取ることができました。自然をよく知っているであろう貴校の子供たちが、より深く自然の中の植物、動物に心を寄せ観察をし、自然を大切にしながら学習を進めていました。また、環境を守るための授業が分析的に組み立てられており、環境保存や生涯学習の基礎、基本となる取り組みとなっており、感動しました。

ほとんどの方が、このような好意的な感想を残してくれた。

その感想文の中で注目したいのは、「驚いた」「感動した」という言葉が一番多く使われていたことである。私は、当日の子供たちも、多くの方々と一緒にフイールドワークをしながら参観者と共に、きっと感動していたと思う。

(五) 教師たちの感想

ある職員が、私が内田小学校から転出する際に「環境教育に取り組んで本当に良かった」言ってくれた。また、大変貴重な言葉でもあった。

環境教育を始めたことによって、私自身も大きく変わった。また、他の先生方も私同様に変わられたのだと思う。「公開研究会の発表をしよう」と切り出した時、大方の先生は好意的ではなかった。しかし、強引に押し切った面もあり、先生方に対して常にすまない気持ちが心の底にあった。こんな気持ちを引きずりながらいたので、この言葉を聞いたときは、本当にうれしかった。何か、救われた気持ちになったことを今も記憶している。

子供とともに多くの実践を展開し、一つ一つの感動体験を子供たちと共に共感された先生方は、その後、私を含めて他

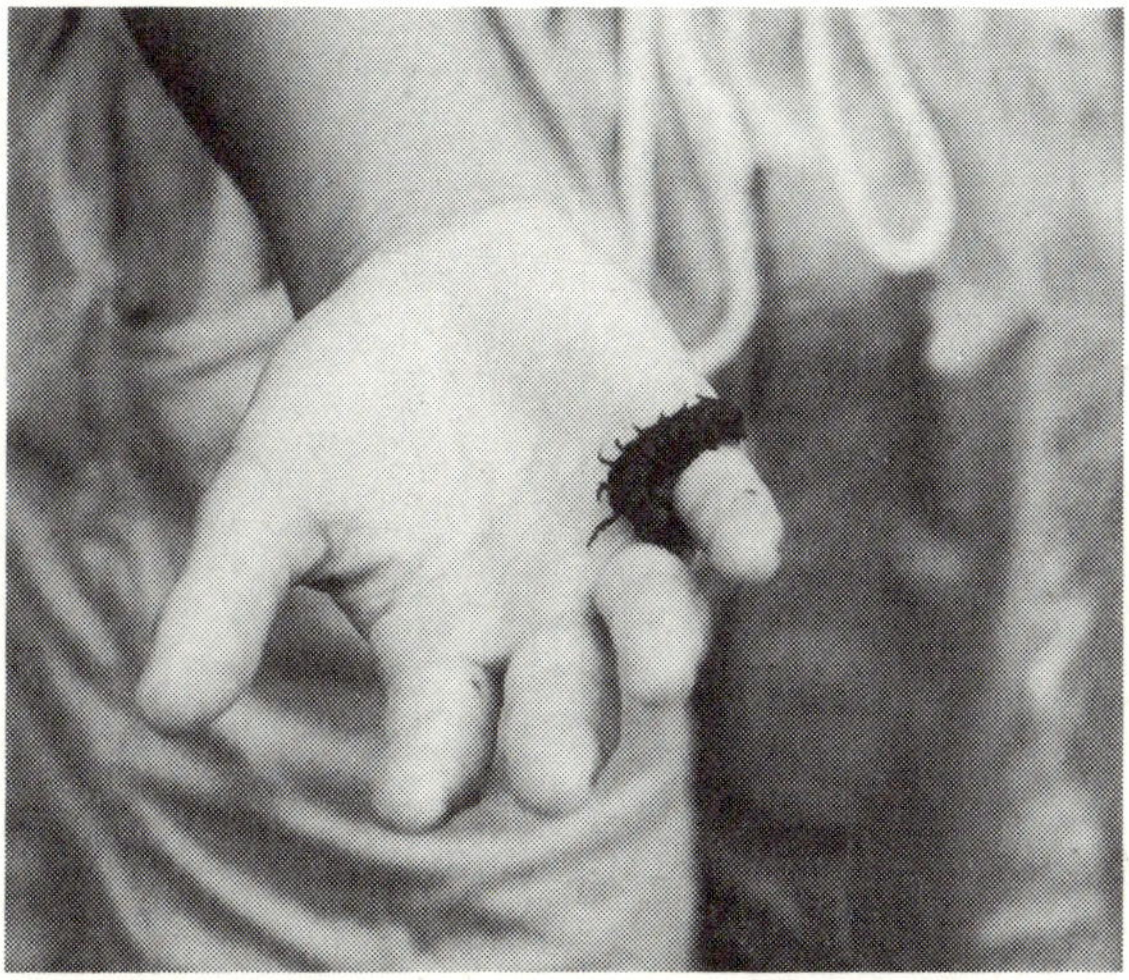

ヘビトンボの幼虫を見つけ感動する

の学校へ転出されたが、転出先の学校でも自然教育に力を入れられ、活躍されていると聞く。

中には、環境教育の分野で千葉県の一年間長期研修生として、研究の機会を与えられた先生もいたようだ。

(六) 地域での取り組み

学校での学習が家庭や地域社会で活かされるように、PTA環境部の年間行事計画と内田の環境を守る会の年間行事計画をリンクして行うようにした。その例を次にまとめてみた。

学校での野鳥・昆虫の学習 → PTA環境部主催「親と子供のバードウォッチング」
学校での水生生物の学習 → 内田の環境を守る会主催「リバーウォッチング」
学校での植物の学習 → PTA環境部主催(花の移植)「みんな花咲か爺さんになろう」
内田の環境を守る会主催「秋のおち葉拾い」(腐葉土づくり)

これら行事は、休業土曜日の休みの日に実施される。

以下、その時に参加した子供の感想文である。

今日は、花さかじいさんに出て、ウグイスラインに花をたくさん植えていい気持ちでした。
また、花壇もつくりました。
そして、花壇を作った時、市場(地区名)の人が来て、私たちにはなしかけてくれました。

その人は、市場に花を植えている内田小学校の人がいるのを見てびっくりしたそうです。花壇を作ったところは、前まで車やトラックが止まっていて汚れていたそうです。そして、「このへんにこんな名物があると、とてもうれしいですよ」といいました。私はとてもうれしかったです。

また、来年も花さかじいさんをやって、近くの人たちに喜んでもらいたいと思います。もっと環境を守る行事を増やしてもらいたいです。


子供たち自身の中に、地域に花を植え、それが地域の方々に喜ばれることになれば、この子供の最後の言葉のように、「もっと行事を増やしてほしい……」という意欲が生まれる。

学校で学習したことが、このような活動を通して子供たちの心の中に感動や喜びを生み出すことができるようになった。

三 京葉小学校への赴任

四年間の内田小学校での実践を終え、同じ市原市内の京葉小学校へと赴任した。

赴任して一年が経過した四月のある日、学校長から次のように言われた。

「教頭さん、内田小学校から環境教育の講師依頼がきたよ。先生の前任校だから、出かけて行ってしっかり、指導してあげて下さい」

私は、とてもうれしかった。

また、内田小学校を訪問できると考えただけでも心が躍った。私と一緒だった先生方もまだ何人か在籍しておられる。懐かしさでいっぱいであった。専任講師として、年三回の訪問することになった。

まず思い浮かべたのは、子供たちの姿であった。

都合二年間、京葉小学校での実践を積み重ねながら、内田小学校に指導に出かけた。

しかし、多少不安であった。その後の内田小学校の活動が。

指導に出るたびに、このような内容を話して良かったのか。もっとこんな方向づけがあったのではないか、などと反省の繰り返しであった。

（一）内田小学校のその後

二年間、内田小学校の専任講師として訪問したが、子供たちは生き生きと活動を展開していた。杞憂であった。

環境学習を実施して良かったと、心から思った。外から内田小学校を眺めてみると、改めて内田の良さが伝わってきた。それは、内田小学校の実践が次から次へと子供たちに引き継がれていたからである。

内田小学校の子供たちは、環境学習の学び方をすっかり自分たちのものにしていた。

低学年から高学年まで、それぞれの子供たちが課題を持ち、その課題を解決するために主体的に活動を展開することができた。どの学年の子供たちも同じであった。

内田の子供たちを象徴する、次のような話を内田の環境を守る会の方々から聞くことができた。要約すると次のようなことであった。


学区の中学校で、名前のわからない傷ついた野鳥が保護された。

先生方もその野鳥の名前は、すぐには答えられなかった。その場に居合わせた先生が、

「内田からきている生徒を呼んで来なさい」と言われた。

しばらくすると、内田から来ている生徒が呼ばれてきた。

「この鳥は何だ?」と先生が言うと、

「ゴイサギの幼鳥です」

先生がおっしゃったそうである。

「内田の子供たちはすごい!」と

名前を言い当てることが素晴らしいのではない。

中学校へ行っても、内田小学校で学んだことが活かされていることがうれしかった。

私自身も内田小学校で学んだことにより、別の視野が開け、様々な活動に取り組むことができた。この中学生も同じである。様々な場面で、多くの先生方や友達に頼りにされているのだと推察した。

(二) 家庭や地域のその後

「内田の環境を守る会」は、その後も地道な活動を展開されている。また、PTAの環境部も同じように、子

供たちを巻き込む事業を展開されている。

いつ内田学区を訪問しても、地域が美しいと感じる。

それは、地域の中に、このように自然環境の保護・保全に力を入れられている方々が多くいるということである。

特に、次のような事業を自主的に実践された。

○オーバーナイトハイク（夜通しハイクし、外房の朝日の美しさを体感する）（募集）
○菖蒲祭り（学校の周囲に菖蒲が移植されている）
○あの山の向こうに何がある！（内田学区を空からウォッチング）ヘリコプターで内田の自然環境を空から眺める。（募集）
○およがそう！内田のこいのぼり！（各家庭にあるこいのぼりを集め、グランドの端から山の中腹までワイヤーを張り、こいのぼりをおよがせる）
○とばそう！ペットボトルを利用した水ロケット（水の大切やリサイクルを考えながら）（募集）
○二一世紀へのメッセージ（記念誌）
○手作りいかだでレースに参加（環境を考える）

一つ一つの行事が、必ず自然教育とリンクしている。しかも、大人から子供たちへ伝承されていくという、理想的の活動が展開されている。内田の方々の熱意と行動力には驚くばかりである。

これらの行事には、いまでも招待を受けている。

Column

内田小学校を去るその日、子供たちが言う。

「先生、私たちをわすれないでね！」

「忘れないよ、また、くるよ」

「教頭先生はおっちょこちょうだから、気をつけてよ！」

「明日になったら、私を忘れるよ？」

「キョウちゃん（教頭の頭文字をとって）がんばってよ」

その夜、お酒を飲みながら、一人で泣いた……

それは、子供たたちとの別れもあったが、内田学区との別れでもあったからだ・・

四 京葉小学校での実践

内田小学校から、市原市立京葉小学校へ赴任した。

早速、四月、五月の土・日曜日は、学区のフィールドワークを試みる日々が続いた。このフィールドワークから何かをつかみたかった。

(一) 自然環境の認識

京葉小学校は、学区と隣接して京葉工業地帯が広がっている。

自然環境は決して良いとは言い難い。車の量も多く、それに伴い排気ガスも心配されるところであった。道路沿いや川の周囲には不法投棄や不燃物、可燃物のゴミも多く見受けられた。

それでも、養老川の河川敷をフィールドワークしてみると、多くの水生生物や野鳥が観察された。また、河口付近は干潮になると広い干潟が出現した。

外観から観察した自然環境は決して良くはなかったが、フィールドワークを通して一つ一つ掘り起こしていくと、明らかに見た目より違っていた。

この学区に居住している人たちは、このことに気が付いているだろうかと、ふと考えてみた。もし、認識していなかったなら、そこが盲点だと思った。

(二)ＰＴＡ組織の見直し

ＰＴＡの組織の見直しは、内田小学校で経験済みである。学校長やＰＴＡの方々に相談をし、ＰＴＡの中に環境委員会を設置していただいた。もちろん、設置の理由については子供たちの育成と自然環境の見直しをあげた。これについてはフィールドワークの結果を話し、説明を加えた。

みなさんの賛成を得て、ＰＴＡ総会でも承認された。

(三)ＰＴＡ環境委員会の最初の仕事

ＰＴＡ環境委員会の方々には最初の仕事として、私がフィールドワークを試みた地点を一緒に見てもらうことであった。その目的は、京葉学区内の自然環境を是非、大人の立場から認識して欲しかった。

その日は私がコーディネートし、ポイントをしぼってフィールドワークを試みた。そして、ポイントごとにレクチャーを加えた。

感想文にはなかったが、その日の反省とプログラム立案の際に「是非、子供たちと一緒にきたい」と何人かの方々から提案があった。

とてもうれしい提案であった。

子供たちの育成をしていく上で、保護者からこのような提案が出たことで、とてもやりがいを感じた。そして、これまでの不安がうそのように消えていくのがわかった。

ほんの二時間程度歩いた中で、アオサギ、チュウサギ、カワウ、コアジサシ、キジバト、ヒバリ……　実際に目にした写真ではない実物を見て感激、また、河口の干潟には、多くのカニ、こんな光景は初めて、おもわず声が出てしまいました。

自然が残っていて生き物がいるんだなと思うと同時に、ゴミの多さにもビックリ、ほんの少しだけ歩いただけなのに拾いきれない程ゴミが多いこと、これから私たちは何をしていけば、この自然を守っていけるのかと考えさせられました。


自然観察の楽しさを覚えたことは勿論でしたが、大切な自然が少し残っていることをたくさんの人と守っていかなくてはいけないと思いました。

私たち大人が、こういった意識を持ち、この意識をしっかり子供たちに伝えていくことによって、子供たちが自然を大切にし、守ってくれるのではないかと思います。


すぐ近くは、工業地域で空気などあまり良くないと思う。また、空き地や野原がつぶされ、家々が建設され、虫や鳥たちが安全に棲む所が年々少なくなってきていると思う。

でも、今日、歩いてみて養老川の河口の方には、みんなで守るべき自然があると思った。

PTA環境委員会の方々に、フィールドワーク後に書いてもらった感想文である。全員、初めて訪れた場所であった。身近な場所であるが、普段の生活の中では訪れることもなかったのである。内田小学校でもそうであったように、その場所に居住されていると、自然環境がどうなっているのかについては大まかには捉えることはできても、詳細にわたっては把握できないようだ。

特に、自然環境が悪いと考えていたようだが、実際に観察してみると、野鳥や水生生物の多さに驚いていた。また、この現実を子供たちにも伝えていきたいと口々に語っていた。

(四) 環境委員会のプログラム

《プログラム》

一、テーマ　「見直そう！　京葉の自然環境」

二、目的　(一) 自分たちが居住している場所の自然環境を認識をし、子供たちに教えること。
(二) 自分たちが居住する場所の自然環境の保護・保全活動を展開する。
(三) 親と子供たちで参加し、子供たちに自然環境の良さを伝承していくこと。

三、期日　六月一三日（金曜日）

四、場所　卯の起公園に集合

五、時間と内容　九時〇〇分～　九時一五分　受付

九時　五分～　九時三〇分　セレモニー
九時三〇分～一一時三〇分　自然観察（水生生物と野鳥）
一一時四〇分～一二時一五分　クリーン活動
一二時一五分～一三時一〇分　振り返りと昼食
一三時二〇分　解散

京葉小学校での初めての実践であった。
当日参加された、ほとんど全ての人が感想を寄せてくれた。これらをまとめて「見直そう！　京葉の自然環境―報告」を作成し、当日の参観日に配布した。以下は、その中の私のコメントである。

感想文に対しての若干のコメント　―お礼をこめて―

自然環境、社会環境を含めて、我が国にはたくさんの課題があるように思います。言い尽くされた言葉の中に

「Think Globally Act Locality」

すなわち、「地球規模で考え、足元から行動する」があります。しかし、言い尽くされながら、なかなか地につかないのはなぜでしょう。

六月一七日付けの讀賣新聞「地球環境は今④（リオサミットから五年）」の中で総理府世論調査（九五年）によると、日本では、環境ＮＧＯ（民間活動団体）の活動は五九パーセントが「大変有義」と答えながら「参加している」という回答者はわずか五パーセントだった。

この内容を端的に言い表すと、

自然環境を守ることは大切だ。しかし、その種のボランティア活動に参加するのはどうも……

表現としてはこのように考えることができます。言うことは簡単、しかし、行動となると二の足を踏むことが多いものです。

先日、見回りで学校に来た時、学校の周囲に捨てられている空き缶を、おばあさんが拾って下さっていました。多分、あまりのひどさに見かねてのことだと思います。

おばあさんの行動を素晴らしいと思うと同時に、ゴミが落ちていていても平気になった私たちを悲しむべきだと思いました。

始めましょう！　足元から行動を！

どんなちいさなことでもいいから……

フィールドワークに参加された皆さんの感想文を一読して、保護者のみなさんの感性には驚きました。多くのことを発見され、多くの内容について示唆して下さいました。そして、ほとんどの方々が野鳥に興味を持って下さったことについて感謝致します。

野鳥の美しさを感じた時、私たちが生きている、生きていられる実感を肌で感じることができます。私たち人間は、他の動植物とともに、大きな大地の上に「生かされている」と考えれば、多くの生物に優しさを感じることができます。

『京葉の自然環境をどう思いますか』という問いに関して、多くの方が「ふつう」と答えて下さいました。

この理由の中で、ゴミの多さに驚かれると同時に、その中で、「しっかりと生きている動植物の素晴らしさやみんなで守る自然環境はまだまだある」と述べられています。

うれしいことは、ゴミにしっかと目を向けられ、何とかしようという力が感じられることです。

「今日の探索で、何か発見することはありましたか』ということについて、ほとんどの方々が「あった」と述べられています。そして、その内容は、野鳥の美しさに感動されたり、唯一ある、干潟でのアシハラガニの多さに驚かれ、滑稽なチゴガニのダンスに魅了されました。

『探索したことを家族で話題として出されますか』という質問項目で、多くの方が「家族全員に話した」ということでした。

『何を話題の中心として話されたか』ということ聞きました。

野鳥のこと、干潟のこと、まだまだ自然が多く残っていることなど、そしてゴミのことについて、「子供にしっかり伝えていきたい」という内容もありました。また、自然観察について「もっと回数を増やしてほしい」という心強い内容もあり、夕食の団欒が盛り上がったのではないかと想像致します。

質問項目の中で、ＰＴＡ環境委員会で第二回目の開催を一〇月末に開催を予定しているが『取り上げてほしいこと』について聞ききました。

コースは同じで、変化をみたいという方や、別コースも歩いてみたいという意見がありました。

『自然環境の保護・保全に向けて、京葉学区全体で取り組めることがあったら聞かせてほしい』という設問に対して「親が自然環境に目を傾けなければ、学区全体で取り組むのは難しい」と述べられた方がおられましたが、そり通りだと思いました。

まず気づくことが第一歩の始まりです。また、「干潟の保護をみんなの力で！」と言う意見や「クリーン活動の実施や自然の貴重な生物の生息をさまたげないでできることを、町会や子供会ＰＴＡ、みんなで取り組めたら」という素晴らしい意見があり感動しました。

学校と家庭・地域社会が連携して、二一世紀を背負って行く子供たちのために、自然環境を保護・保全していくことの大切さを伝承していきたいですね。

『自由記述でどんなことでも書いて下さい』という項目もつくりました。

この中で、「翌日、家族で干潟に実際に訪問した」という方もいらっしゃいました。とてもうれしいことです。

また、「今まで、気づかないできたことに気づかされ、新鮮な感じを受け視野が広がった」と述べられた方もいらっしゃいました。そして最後に、「この今日の体験を他の人たちに知らせたい」と述べて下さった方がおられ、この取り組みが京葉学区に広がっていくことを期待し、みなさんと努力し、是非、本格的に取り組みたいと考えています。
冒頭で述べましたが、参加された方々の「感性」は素晴らしいと思います。この取り組みの輪が「ひろがり、つながる」ことを期待します。

第一回目の取り組みではあったが参加された多くの方々は、初めての経験であった。この取り組みを大切にしたいと強く思った。

ＰＴＡ環境委員会の方々も、真剣になって活躍してくれた。

その後、この取り組みが、市原市役所の環境部管理課の目に止まったことから思わぬ展開に発展した。

（五）行政との共催から見えたこと

第二回目の「見直そう！　京葉の自然環境」は、市原市環境部管理課と共催で行った。これは、学校と家庭・地域社会、それに行政がかかわって取り組んだ、京葉小学校での最初の大きなイベントとなった。

ここに至るまで、環境部管理課の人が何回も学校を訪問をしてくれて、ＰＴＡ環境部の田村部長を交え、綿密な打ち合わせを行った。

第二回目は、親と子供たちがたくさん集まり、前回のプログラムを参考にしながら、次の内容がプログラムに加えられた。

①　自然観察をする場所を二カ所としたこと
○養老川の河口（河口の野鳥）　○養老川中流の農業センター（中流の野鳥）
②　ゴミの後始末を行政が行う……クリーン活動で拾ったゴミを行政が一手に引き受けてくれた。
③　野鳥の専門家を講師として招聘……野鳥の専門家二名を講師として招聘してくれた。
④　食を通してコミュニケーションを図る……ＰＴＡ環境部の手作り

ここで学校や家庭・地域社会が幸いしたのは、行政側がクリーン活動で拾ったゴミ類を一手に引き受けてくれたことである。また、野鳥についての専門家を講師として招聘してもらったことであった。

これに対して、ＰＴＡ環境部の方々が、お昼の昼食に豚汁を用意してくれたことである。参加者は、昼食のおにぎりを用意するだけで誰でも参加できた。

活動した後、豚汁を食べる男の子

（六）第二回「見直そう！　京葉の自然環境」

第二回目の実践も一回目と同じように、実践後に報告を配布した。

見直そう！　京葉の自然環境 ― 報告 ―

◎京葉小学校の教育目標

「生き物や自然にやさしく感動がもてる子」

◎京葉小学校ＰＴＡの目標

「地域の自然環境の見直しを実践し、自然を大切にする」

京葉小学校ＰＴＡの目標に上記の目標があります。このことは、子供たちを育成していくために、学校の教育目標とＰＴＡの目標がリンクしていることを標記しているのです。子供たちを育成していくプロセスで自然とのかかわりを避けて通ることはできません。

特に、昨今の自然環境の破壊や社会環境の悪化については、多くのメディアが伝えている通りです。ゴミがいっぱいあるところで育った子供たちは、自然の美しさに感動することや、自然を大切にする心など育つわけがありません。それ程、「育つ環境」というのは大切なものなのです。

「身近な自然環境に目を向けてみて下さい」

私たちを取り巻く自然環境がどのようになっているのか、この認識がされない限り、自然環境の保護・

保全に向けた取り組みは、一歩も前進しないのです。

そのために「自然環境に目を向ける」ことが大切なのです。自然はみんなの物です。自然と共存している人間は、時として「人が在って、自然がある」と錯覚するのです。だから自然破壊につながる行為や自然に負荷をかける行為をすることになるのです。

「自然という大きな中に、私たちは包括され、生かされている」という考え方をすれば、これほどまでに自然破壊は起きなかったのではないでしょうか。

京葉小学校は、学校の教育目標とＰＴＡの目標を達成するためにも学区の自然環境に目を向け、自然環境の保護・保全に向けた取り組みを現在も、これからも実践していくことが大切だと思うのです。

今回の取り組みには、市原市環境部管理課の方々のお力を貸していただき、また共催という取り組みで実施させていただきました。

子供たちを育成する上で、学校や家庭・地域社会とそれに加えて、行政と連携することは心強くもあり、これからの課題です。

こんなものがいたよ

養老川の河口には、渡りのカモが飛来していました。数にして五〇〇羽ぐらいでしょうか、河口で観察できたのは次の種類でした。また農業センターでも次の種類が観察できました。

養老川河口	農業センター
○ホシハジロ・オナガガモ・カルガモ（カモ科）	○オオタカ（ワシタカ科）
○カワウ（ウ科）	○チョウゲンボウ（ハヤブサ科）
○ハクセキレイ（セキレイ科）	○シメ（アトリ科）
○コサギ・ダイサギ・アオサギ（サギ科）	○カワラヒワ（アトリ科）
○イソシギ（シギ科）	○ツグミ（ツグミ科）
○カワラヒワ（アトリ科）	○カシラダカ（ホオジロ科）
○ヒヨドリ（ヒヨドリ科）	○トビ（ワシタカ科）
○キジバト（ハト科）	○ビンズイ（セキレイ科）
	○ヒヨドリ（ヒヨドリ科）

養老川の河口と中流では、こんなにも観察できる野鳥に違いがあります。是非、でかけてみて下さい。

京葉小学校は、市内でも多くの種類の野鳥が観察できる場所として一番ではないかと思います。それは、渡りをするカモ類が観察できるからです。また、野鳥の他にカニ類や昆虫、魚、貝などが観察できます。このような自然環境をこれ以上悪化させないように、子供たちや保護者の方、地域社会の方々で保護・保全へ向けた取り組みを展開したいと考えています。

可燃物　一二〇キログラム
不燃物　二〇〇キログラム
粗大ゴミ　二〇〇キログラム
《市原市環境管理課調べ》

右の数字は何を表しているか、おわかりでしょうか。たった四〇分のクリーン活動で、みなさんが拾って下さったゴミの量です。驚きました。しかも限定された狭い範囲のゴミの量です。

この現実から、このゴミの量を市原市全体、いや、五井地区全体のゴミの量として考えると心が痛みます。

一二月三日（水）に京葉小学校の自然体験クラブの子供たち三〇名と卯の木公園を訪れました。この場所は、一〇月に訪れておりましたので、その時の情景が子供の目にやきついていたら、きっとわかると思いました。

この場所を見て、『この前と違っていることがありますか？』

「落ち葉がいっぱいある」
「ドングリの実が落ちている」
「ゴミがない！」
「本当だ。ゴミがない！」
「きれいになっている」

「道もきれいになっている」

「これだとつまずかないよね」

このやりとりをした後、みんなのお母さんやお父さん、地域ので方々が清掃活動をしてくださったことを話しました。

自然観察とクリーン活動をパックにして取り組んだこの実践は、大きな反響を呼びました。

自分たちが住んでいる地域をみんなできれいにして、そこで観察できる動植物を大事にする。この取り組みを様々な地域で実践すれば、「市原市全体が今よりも更にきれいになる」と考えます。

この活動を京葉小学校や市原市環境部から発信しませんか。


―後　略―


行政との共催は、多くの面で影響を受けた。

特に、市原市環境部のみなさんが力を入れてくれたことにより、参加された多くの方々から「また、お願いしたい」という意見が多く寄せられた。

行政との連携は、お互いが力を出し合い、結集することで成り立つ。行政は何もしてくれない。何もしてくれないのではなく、手順を踏むことである。互いの気持ちを通い合わせ、話し合いを持つことである。

「見直そう！京葉の自然環境」の実践では、三〜四回の打ち合わせを持った。

お願いすることは何か、何のためにお願いするのか。そして、ここまでやったが、どうしてもこれ以上はできないのでお願いしたいと、依頼することである。

行政が悪い、市民が悪いと互いのやるべきことを棚上げにしていると一向に前進はしなくなる。互いに協力し努力することである。

行政との連携からこのことを学んだ。このことは常識かもしれない。しかし、この常識が常識とならないのが現在なのである。

感想文の中に次のような内容があった。

> 充実した取り組みだったと思います。
> 市原市との共催により、市の方々にも京葉学区の自然が残されていること。大きなゴミのことを実際に見ていただいたことは、今後につながっていくと思います。市役所の方々に感謝します。

（七）実践の発表

千葉県では、環境教育に力を入れている個人や団体を対象に「ちば環境文化賞」を設けている。金融機関や新聞社がスポンサーとなっている。

実は、内田小学校の時も応募し、特別賞を受賞した。

そのことがあったので、是非京葉小学校でも、みんなの力を集約して応募しようと思った。

私としては実践したことを記録し、残しておきたかった。そういった意味でも、実践の発表はしておきたかった。また、みんなが苦労して実践していることが、方向として間違っていないかどうかの裏付けにもなると思った。また、励みにもなると思った。

そして、応募の結果、見事特別賞を受賞した。ＰＴＡ環境部の方々の労苦に報いる形となった。

（八）京葉の環境を守る会の立ち上げ

「見直そう！　京葉の自然環境」の実践は年度を重ねていった。

私が京葉小学校に勤務して三年目が過ぎようとしていた。実践が深まるにつれて、周囲の方々から「地域にこの実践を広げよう」ということが提案されていた。

また、学校でも学校長と話し合い、地域社会にボランティアの団体ができると、もっとこの実践が盛り上がり、子供たちの育成に大きな役割を果たすことになる、と考えていた矢先でもあった。

そして、ＰＴＡ会長に相談をかけ、ＰＴＡ総務会で議題として提案してもらった。ＰＴＡ総務全員の方々の賛同を受け、立ち上げるための具体的な内容を練ることとなったのである。

以下に、京葉の環境を守る会の主な活動内容を紹介する。

◇目　的

京葉の環境（循環型の社会環境、自然環境）を守る会は、京葉学区の社会環境及び自然環境の保護・保全活動を前提とした活動を推進していく。

（一）社会環境について
◎現状認識をし、子供たちの生活環境を保護・保全していく
①商店街の拡大が子供たちに及ぼす影響について
②子供たち同士の人間関係が及ぼす影響について
③異年齢の子供たちが及ぼす影響について
④家庭教育や学校教育が及ぼす影響について
⑤一部青少年の非行が子供たちに及ぼす影響について
⑥大人が子供にどうかかわっているかについて

（二）自然環境について
◎現状認識をし、保護・保全活動の推進をしていく
①京葉の自然環境が子供たちに及ぼす影響について
②ゴミの不法投棄が子供たちに及ぼす影響について
③京葉の自然環境を認識し、良い点、悪い点を見極め京葉学区の親や子供たちの学習に活かす
④養老川を基点として、そこに生息する生物と私たちの生活環境についての見直しを行い、自分たちの生活に活かす

（三）具体的な実施方法について
一、京葉の環境を守る会を組織として立ち上げる。
二、会員の構成は、賛助会員とし、任意団体として活動するものとする。

三、会員の中から役員（代表一名、副代表二、事務局二名、各地区代表二名）を選出し会を運営、推進していく。

四、会の運営費は、原則として年会費（一家庭、五〇〇〇円）を徴収し、事業を行う。

また、千葉県環境財団に団体として登録し、活動を援助していただく。

五、会の運営は、次の通りとする。

① 運営会議（代表、副代表、事務局、各地区代表）を設置する。

② 年度のはじめに全体会を開催し、具体的活動内容について共通理解を図り、会の運営を行う。

③ 年間の行事計画を作成し、それに基づいた活動を展開する。

六、会員は全員が行事の際、保険に加入し、事故ある時はその都度対応する。

七、この会は、学校の教育活動及びＰＴＡ活動と連携し、三位一体の活動を展開するものとする。

（四）リレーションした年間行事計画の例

月日	企画者	行事名と目的	内容	用意するもの
四月（木）	・京葉の環境を守る会 & ・学校 （みどりの日）	・地域に花を咲かせよう ・学区にポイントをつくり花の種をまく	・学区のみんなが参加し、地区にポイントをつくり花を植える	・移植ごて ・プランター ・土 ・花の種
六月（日）	・ＰＴＡ環境部 ・京葉の環境を守る会 ・学校	・春のバードウォッチングと水生生物 ・クリーン活動	・京葉の自然環境を見直し、養老川の野鳥の観察と水生生物の	・双眼鏡 ・軍手 ・靴

			観察を行う ・クリーン活動	・ビニール袋
一月（土）	・PTA環境部 ・京葉の環境を守る会 ・学校	・廃油石鹸づくり	・廃油を使ってのリサイクル活動	・軍手 ・廃油 ・苛性ソーダ
一月（土）	・PTA環境部 ・京葉の環境を守る会 ・学校	・冬のバードウォッチングとクリーン活動 ・市原市環境部と共催	・京葉の自然環境を見直し、養老川の冬鳥の観察を行う ・クリーン活動	・双眼鏡 ・軍手 ・長靴

㈤　連携した行事のシステムづくり

子供たちの育成に向けて、学校には学校の行事計画があり、PTA活動にも行事計画がある。そして、京葉の環境を守る会についても行事の計画を立案し、三位一体の行事計画となるよう調整する。

この各行事について、そこに自由に参加しあい、交流を図り子供たちを育成していく機会とする。

そのためには、前項㈣のリレーションした行事の計画が必要である。この立案については三者が話し合い、計画を作り上げていく。

ここに「京葉の環境を守る会」を立ち上げることができた。

内田小学校を出て三年が経過していた。

内田小学校で実践したことが、再び京葉小学校という違う学校でも実践できる運びとなった。京葉の環境を守る会の最初の事業は、活動例にも示したが、花の移植から始まった。しかし、この会を運営していくにはいくつかの課題もあった。

① 活動資金をどうするか。
② 会員をどのように募集し、広げていくか。
③ 学校との連携をどのように深めていくか。

年会費は五〇〇円である。これ以上の金額を集めることは賛成できなかった。この金額は、行事の際の保険料に費やすものであった。このことを解決していくには、行事の中で、できるだけ購入を控え、各自が自分の家にあるものを持ち寄ることにした。

活動資金については、千葉県環境財団にボランティアの団体として登録し、活動に対して応援してもらうことであった。幸いにも、「Love Oura Bay 募金（エフエムサウンド千葉）の募集に応募し、活動資金を得た。

また、前年度応募した「ちば環境文化賞」に応募し、「特

花の移植をする

別賞」を連続して受賞した。

これ等の資金を、会の運営と子供たちのために有効に活用することで、「京葉の環境を守る会」が動き出すことができた。

会員募集については、様々なイベントを行う中で募集の活動を開始した。

学校で行うバザーにおいては、廃油粉石鹸を作り、販売する中で多くの人々に呼びかけた。また、「環境通信」を発行することで、多くの人に執筆を通して参加してもらい学区内に配布した。そして、会員も少しずつ広がりをみせてきた。

廃油石鹸をつくる

学校との連携については、市原市教育委員会より、環境教育の分野で研究学校の指定を受けた。このことにより、学校で環境学習を行い、PTA（家庭）環境部や環境を守る会の行事にも参加し、環境教育の基礎的な学力をしっかりと身につけることになった。

そして、やり残したことはたくさんあったが、平成一一年三月三一日をもって、京葉小学校を転出することになった。

しかし、PTA組織を見直し、環境部の設置と京葉の環境を守る会を立ち上げ、互いに信頼し、子供たちをどのように育成していくかという共通な目標を持つことができたことが、何よりの喜びであった。

Column

ボランティアってなんだろう?
私は、次のことをみなさんに進めている。
一、そのこと（自然環境の保護・保全）に自分を追い込んでいかない。
二、無理なことはしない。
三、楽しみながら実践する。
四、親子で自然環境に接する。
五、発見や感動を大切にする。
六、多くの人と接する中で仲間をつくる。
七、簡単なことから実践する。
八、自分のライフスタイルを少しずつ変化させる。
ボランティアって打ち上げ花火ではない。
こつこつ、地道に歩いて実践していくものだ。
苦しかったら休めばよい。
人のことを責めるな。
いつも自分を振り返ろう。

五　牛久小学校での実践

同年の四月一日より市内の牛久小学校に勤務することになった。

京葉小学校が養老川の河口であったのに対して、牛久小学校は中流に位置し、市街地と比べて多くの自然が残された地域であった。

学校の東側に、田んぼを挟んですぐに養老川が流れている。

赴任した早々、さっそく学区をフィールドワークした。すると川の中に、真っ黒い集団で少しずつ動くものがあった。何かと思い双眼鏡で観察すると、魚の群れである。オイカワの稚魚であった。

京葉小学校ではボラの稚魚の群れを観察し、ここではオイカワの稚魚の群れを観察することができた。また、早朝の学校の上空をカモの群れが編隊を組んで飛んで行く。

この地でも環境学習の素材はたくさんあると確信した。

そして、この学校で何ができるか、また学校と家庭と地域を結びつける手立ては何か、思案を続けた。

この学校には二つの校舎があり、校地も比較的広くとられている。さらに、校舎との間に空いている敷地があった。この敷地を環境学習の場所として使うことができないだろうかと考えてみた。

そこで、周りには多くの自然が残されているので、ここに鳥や昆虫などの生物を呼び込める自然の空間にできたら、自然学習の場になるのではないかと思ったのである。

（一）ビオトープ設置委員会の立ち上げ

早速、学校長の許可を得て、様々な指導も受けながら計画を立案していった。また、PTA会長をはじめ役員の方々にも相談にのってもらうなど、多くの方々の力を集約し、ビオトープ設置委員会を立ち上げることができた。平成一二年の暮れも押し迫っていた。

ビオトープとは、「野生生物の持続して生息できる、あるまとまりのある空間」と解釈された、生態学の学術用語である。すなわち、人工的に創り出した水槽や施設などの生物の生息空間ではなく、生き物自らが餌を捕り、繁殖し、生き物にとって一生を全うできる生息場所のことである。

この敷地に植物を植え、水場をつくり自然を復元させようとの試みである。

（二）ボランティアの協力

ビオトープ設置委員会のメンバーは、全てボランティアの方々で構成されている。学校職員、PTA会員、地域の方々であった。

当初の計画では時間をかけて、参加してくれた人たちと子供の育成について語り合いながら、活動を展開しようと考えていた。しかも私自身、ビオトープづくりの専門家ではなかった内田小学校で（当時はビオトープという言葉は使っていなかった。校庭の隅に長さ二〇メートルの流れる川を作った程度であった）、若干の経験があっただけである。したがって、みなさんと一緒に試行錯誤しながらと考えていた。

しかし、いざ始まってみると、みなさんの起動力は私の考えていた以上の素晴らしいものであった。

牛久地区の町会長が地域全体を束ねて、多くの素晴らしい人材を集めてくれたのである。機材を提供してくれた方や水生生物に詳しい方、水環境に詳しい方など様々なプロが集まった。

こうして、作業がスムーズに進み、想像以上のビオトープがほぼ完成した。

人力での作業

子供たちの協力

ばかりである。

（三）ビオトープづくりを通して

この方々の力を子供たちの育成に役立ててもらうことが、私の考えている最大の目的である。素晴らしい方々ばかりである。

ビオトープをこれから子供たちの学習に役立てることは勿論である。そこで多くの感動体験を子供たちに味わってもらいたいと考えている。欲張っていると思うのだが、このビオトープづくりに集まってくれた方々の力を子供たちの育成のために、これからも提供してもらいたいと願っている。

せっかく知り合った方々である。ビオトープでの活用が軌道に乗った後は、この牛久学区に自然環境を守る会の組織を立ち上げを密かに望んでいる。

ビオトープ設置委員会の方々の力を注ぎ込んでいくことができれば、間違いなく子供たちの育成にもつながるし、素晴らしい学区になると考えている。

六 自然教育を振り返って

子供たちに自然の中で、たくさんの感動体験を積んでほしいと取り組んできた十数年間であった。その間、バブル経済とその崩壊、長引く経済不況と政治の混乱、子供たちを取り巻く環境では、陰湿ないじめと自殺、少年の凶悪犯罪、幼児虐待等々、暗いニュースの多い時代でもあった。

もう少し時間をかけないと、この時代を考証することはできないだろうが、いままで形作ってきたこの国の価値観が、大きく変わろうとしていることは誰もが認めているようだ。しかし、経済や政治は別として、上記のような事件・犯罪はこの半世紀の間の出来事であって、一昔前には考えられないことでもあった。

しかし、いくら時代によって価値観が変わろうが、人間としての普遍的な価値観は変わっていないと思う。すなわち、命の大切さ、親子・兄弟の絆、他者への寛容等であろう。ただ、これらが最も変わってしまったのである。また、これらの欠如が直接・間接的な形で顕現し、考えられないことが起きているのではないだろうか。

この要因の一つとして考えられるのが、共有・共感することことを面倒くさい、煩わしくと思ってしまう風潮ではないだろうか。その一方で、友達や仲間、近所同士とは互いに深くは立ち入らない程度につきあっていたいという、ある種矛盾した一面も兼ね備えている。また、それぞれの人格、個性が大事だと言われているが、それを分かり合おうとする接し方を避けている。

この傾向は子育てにも現れているようだ。核家族化、少子化の現代にあって、真に信頼できる人の単位が極端に小さくなっている。子供同士でも同様である。前にも述べたが、テレビゲームや漫画といった、共通する道具がないと遊べない。また、兄弟が少ないので異年齢の子と遊ぶことに慣れていない。したがって、友達、仲間の単位が限定され、それ以外の子は大人の世界と同様に、顔は知っているが、どんな人か全く分からないという状況である。

それに引き替え、子供たちを中心に地域ぐるみで取り組んできた私たちの自然教育、感動体験学習は、自然を通して積極的に様々なことにかかわっていこうとする活動である。その活動の中で多くの人と出会うことによって自分の個性が引き出され、そして磨かれていくのだと思う。また、自分たちの地域を知ることは、そこで暮らす自分たちも知ってもらうことになる。そこからお互いの顔が見える、地域コミュニティーが作られていくのではないだろうか。

私が自然教育にかかわりはじめて、多くの人と出会い親しくなった。その出会いの中で心に残る人と出会った。

そして、そのことを宮澤賢治の「雨ニモマケズ」の詩で表わし、最後の文としたい。


人の素晴らしさは、自然環境の素晴らしさと類似している。

ある人と出会った。素晴らしい人だと感じた。心の美しい人だと思う。

だれに対しても笑顔で接し、愚痴もこぼさない。仕事には最後まで妥協しないで、手を抜かない。

正義を愛し、だれに対しても公平である。

自然環境もそうである。

だれも裏切らない。だれもだまさない。

四季折々に見せる表情は、人々の心を和ませ、安らぎすら与えてくれる。


……………………………………………………

ミンナニデクノボウトヨバレ、ホメラレモセズ
苦ニモサレズ、ソウイウモノニワタシハナリタイ

そんな人に私もなりたい……

参考・引用文献

内田小学校（一九九五）＝学校と家庭・地域社会が連携して進める環境教育、五四、五五、一三〇、一三四頁、明治図書
日本教育新聞（一九九五）＝生涯学習、子ども・学校・地域―環境で進む連携
内田小学校（一九九五）＝環境ネットワーク、一〇月号、五、一二頁
豊島安明（一九九八）＝二一世紀の日本を考える、農業の問い直しは小学校教育からのアプローチを、農文協
京葉小学校（一九九九）＝環境通信、一～五号
豊島安明（一九九九）＝小学校の特別活動、自然環境の認識から、一四頁、明治図書
豊島安明（二〇〇〇）＝道徳教育、地域の良さをとりこみ、教師の柔軟な発想を生かす授業、六七頁、明治図書

―・―・プロフィール・―・―・―・―

豊島　安明（とよしま　やすあき）　一九四九年七月一〇日　山口県生まれ

一九九二年　市原市立内田小学校
一九九六年　同京葉小学校
二〇〇〇年　同牛久小学校

一九九三年　環境教育第一次公開研究会
一九九四年　環境教育第二次公開研究会
「ちば環境文化賞」特別賞受賞（原稿執筆）
ソニー優良校受賞（原稿執筆）
一九九五年　環境教育第三次公開研究会
「学校と家庭・地域社会が連携して進める環境教育」共著、明治図書
一九九六年　「自然と人間を結ぶ」（登校前にひと仕事、毎日通う自分の畑）、農文協
一九九七年　「自然と人間を結ぶ」（海苔に学ぶ地域の自然と食べ物）、農文協
環境庁より環境カウンセラーの認定を受ける
一九九八年　「食農教育」（五感を揺さぶる体験から詩も生まれる）、農文協
「ちば環境文化賞」特別賞受賞（原稿執筆）
小学校の特別活動（身近な自然環境の認識から）、明治図書
二〇〇〇年　道徳教育（地域の良さをとりこみ、教師の柔軟な発想を生かす授業）、
明治図書
「ちば環境文化賞」特別賞受賞（原稿執筆）

自然から学ぶ環境教育①

子供たちに感動体験を

2001年（平成13年）　6月30日初版刊行

著　者　豊島安明
発行者　今井　貴・四戸孝治
発行所　㈱信山社サイテック
〒113-0033　東京都文京区本郷6－1－10
TEL　03（3818）1084
FAX　03（3818）8530
発　売　㈱大学図書
印刷・製本／エーヴィスシステムズ

Printed in Japan
 ISBN4-7972-2600-5 C3337